Dostojewskij | Der Großinquisitor

Fjodor Dostojewskij
Der Großinquisitor

Eine Phantasie

Übersetzt von Hermann Röhl

Nachwort und Anmerkungen von Ulrich Schmid

Reclam

RECLAMS UNIVERSAL-BIBLIOTHEK Nr. 14181
2021 Philipp Reclam jun. Verlag GmbH,
Siemensstraße 32, 71254 Ditzingen
Gestaltung: Cornelia Feyll, Friedrich Forssman
Druck und Bindung: Esser printSolutions GmbH,
Untere Sonnenstraße 5, 84030 Ergolding
Printed in Germany 2024
RECLAM, UNIVERSAL-BIBLIOTHEK und
RECLAMS UNIVERSAL-BIBLIOTHEK sind eingetragene Marken
der Philipp Reclam jun. GmbH & Co. KG, Stuttgart
ISBN 978-3-15-014181-6

www.reclam.de

Der Großinquisitor

Ein Kapitel aus dem Roman *Die Brüder Karamasow*. Situation: Iwan Karamasow sitzt mit seinem Bruder Aljoscha in einem Gasthaus und eröffnet ihm, er habe im Kopf eine »Dichtung« verfasst, die er ihm mitteilen wolle.

»Na ja, es geht auch hier nicht ohne Vorrede ab, das heißt ohne eine literarhistorische Vorrede, hol's der Teufel!«, begann Iwan lachend. »Und dabei bin ich doch nur ein jämmerlicher Autor! Siehst du, die Handlung geht bei mir im sechzehnten Jahrhundert vor sich; damals aber (das muss dir übrigens noch von der Schule her bekannt sein), damals war es gerade üblich, in poetischen Erzeugnissen die himmlischen Mächte auf die Erde herabzuholen. Von Dante will ich schon gar nicht reden. In Frankreich gaben die Gerichtsschreiber und ebenso in den Klöstern die Mönche ganze Vorstellungen, in denen sie die Madonna, die Engel, die Heiligen, Christus und Gott selbst auf die Bühne brachten. Damals geschah das alles in vollster Einfalt. In Victor Hugos ›Notre Dame de Paris‹ wird zu Ehren der Geburt des französischen Dauphins in Paris in Gegenwart Ludwigs XI. im Rathaussaal dem Volk gratis eine erbauliche Vorstellung gegeben unter dem Titel: ›Le bon jugement de la très sainte et gracieuse Vierge Marie‹, worin auch sie selbst persönlich erscheint und ihr bon jugement verkündet. Bei uns wurden in Moskau in der Zeit vor Peter dem Großen mitunter ebensolche beinah dramatischen Vorstellungen veranstaltet, besonders aus dem Alten Testament. Und damals, in der Zeit der dramatischen Aufführungen, waren in der ganzen Welt auch viele Erzählungen und Gedichte im Umlauf, in denen nach Bedarf Heilige, Engel und alle himmlischen Heerscharen handelnd auftraten. Bei uns in den Klöstern beschäftigten sich die Mönche ebenfalls mit dem Übersetzen, mit dem Abschreiben und sogar mit der Abfassung solcher Gedichte – und noch dazu in was für einer Zeit? Unter dem Tatarenjoch. Es gibt zum Beispiel ein kleines klösterliches Gedicht (natürlich aus dem Griechischen): ›Die Wanderung der Mutter Gottes durch die Stätten der Qual‹, mit Schilderungen von einer Kühnheit, die Dante in nichts nachsteht. Die Mutter Gottes besucht die Hölle, und der Erzengel Michael führt sie durch die ›Stätten der Qual‹. Sie sieht die Sünder und ihre Martern. Da ist unter andern eine sehr interessante Gattung von Sündern in einem brennenden See: Manche von ihnen versinken in diesen See so tief, dass sie nicht mehr an die Oberfläche heraufkommen können; sie ›geraten bei Gott schon in Vergessenheit‹ – ein Ausdruck von außerordentlicher Tiefe und Kraft. Und da fällt denn die Mutter Gottes erschüttert und weinend vor dem Thron Gottes nieder und bittet für alle in der Hölle um Begnadigung, für alle, die sie dort gesehen hat, ohne Ausnahme. Ihr Gespräch mit Gott ist höchst interessant. Sie fleht, sie lässt nicht ab, und als Gott sie auf die von Nägeln durchbohrten Hände und Füße ihres Sohnes hinweist und sie fragt: Wie kann ich denn seinen Peinigern verzeihen? Da befiehlt sie allen Heiligen, allen Märtyrern, allen Engeln und Erzengeln, mit ihr zusammen vor Gott niederzufallen und um die Begnadigung aller ohne Unterschied zu bitten. Es endet damit, dass sie von Gott durch ihre Bitten ein Aussetzen der Qualen alljährlich vom Karfreitag bis Pfingsten erreicht, und die Sünder aus der Hölle danken dem Herrn sogleich dafür und rufen: ›Gerecht bist Du, o Herr, dass Du so gerichtet hast.‹ Siehst du, von derselben Art würde auch meine kleine Dichtung gewesen sein, wenn sie zu jener Zeit erschienen wäre. Bei mir erscheint auf der Szene Er; allerdings redet Er in der Dichtung nichts, sondern erscheint nur und geht vorüber. Fünfzehn Jahrhunderte sind schon vergangen, seit Er die Verheißung gegeben hat, Er werde wiederkommen und sein Reich aufrichten, fünfzehn Jahrhunderte, seit sein Prophet schrieb: ›Ich komme bald; von dem Tag aber und von der Stunde weiß nicht einmal der Sohn, sondern allein mein himmlischer Vater‹, wie auch Er selbst es noch auf Erden ausgesprochen hat. Aber die Menschheit erwartet Ihn immer noch mit dem früheren Glauben und mit der früheren Sehnsucht. Oh, sogar mit noch größerem Glauben; denn die fünfzehn Jahrhunderte sind schon dahingegangen seit der Zeit, da die Unterpfänder, die der Himmel den Menschen gab, aufgehört haben:

> Du musst glauben, du musst wagen,
> Denn die Götter leihn kein Pfand.

So war denn nur der Glaube an das, was das Herz sagte, geblieben! Allerdings geschahen damals auch viele Wunder. Es gab Heilige, welche wunderbare Heilungen ausführten; zu manchen Gerechten stieg, nach den Angaben in ihren Lebensbeschreibungen, die Himmelskönigin selbst herab. Aber der Teufel schläft nicht, und es regten sich in der Menschheit schon Zweifel an der Wahrheit dieser Wunder. Damals war gerade im Norden, in Deutschland, eine schreckliche neue Ketzerei aufgetreten. Ein großer Stern, ›ähnlich einer Fackel (das heißt der Kirche) fiel auf die Wasserbrunnen, und sie wurden bitter‹. Die Anhänger dieser Ketzerei begannen gotteslästerlich die Wunder zu leugnen. Aber umso feuriger glaubten die treu Gebliebenen. Die Tränen der Menschheit stiegen zu Ihm hinauf wie ehemals; die Menschen erwarteten Ihn, liebten Ihn, hofften auf Ihn wie ehemals. Und so viele Jahrhunderte lang betete die Menschheit in feurigem Glauben: ›Herr Gott, erscheine uns!‹ So viele Jahrhunderte rief sie zu Ihm, dass es Ihn in seinem unermesslichen Erbarmen verlangte, zu den Betenden hinabzusteigen. War Er doch auch vorher schon manchmal hinabgestiegen und hatte einzelne Gerechte, Märtyrer und fromme Eremiten noch auf Erden besucht, wie in ihren Lebensbeschreibungen zu lesen steht. Bei uns hat Tjutschew, der von der Wahrheit seiner Worte tief überzeugt war, gesungen:

In Knechtsgestalt, vom Kreuze schwer gedrückt,
Durchzog er segnend jede Erdenzone,
Er, den als König aller Welten schmückt
Auf höchstem Himmelsthron die Herrscherkrone.

Und so ist es auch tatsächlich geschehen, kann ich dir sagen. Also es verlangte Ihn, sich, wenn auch nur für ganz kurze Zeit, dem Volk zu zeigen, dem sich quälenden, leidenden, garstig sündigenden, aber Ihn doch kindlich liebenden Volk. Die Handlung spielt bei mir in Spanien, in Sevilla, in der furchtbarsten Zeit der Inquisition, als täglich zum Ruhme Gottes im Lande die Scheiterhaufen loderten und

Die Flammen der prächtigen Autodafés
Verbrannten die schändlichen Ketzer.

Oh, das war freilich nicht jenes Herniedersteigen, in welchem Er seiner Verheißung gemäß am Ende der Zeiten in all seiner himmlischen Herrlichkeit erscheinen wird, ›wie der Blitz scheinet vom Aufgang bis zum Niedergang‹. Nein, es verlangte Ihn, wenn auch nur für ganz kurze Zeit, seine Kinder zu besuchen, und namentlich dort, wo gerade die Scheiterhaufen der Ketzer prasselten. In seiner unermesslichen Barmherzigkeit wandelt Er noch einmal unter den Menschen in eben jener Menschengestalt, in der Er fünfzehn Jahrhunderte vorher dreiunddreißig Jahre lang unter ihnen geweilt hat. Er steigt hinab auf die heißen Straßen und Plätze der südländischen Stadt, in welcher erst tags zuvor in einem ›prächtigen Autodafé‹ in Gegenwart des Königs, des Hofes, der Ritter, der Kardinäle und der reizendsten Damen des Hofes und in Gegenwart der zahlreichen Einwohnerschaft von ganz Sevilla durch den Kardinal-Großinquisitor auf einmal fast ein ganzes Hundert von Ketzern ad maiorem gloriam Dei verbrannt worden ist. Er erscheint still und unauffällig, und siehe da, es begibt sich etwas Seltsames: Alle erkennen Ihn. Das könnte eine der besten Stellen meiner Dichtung sein, nämlich die Darlegung, woran sie Ihn denn erkennen. Die Volksmenge strebt mit unwiderstehlicher Kraft zu Ihm hin, umringt Ihn, wächst um Ihn herum an und folgt Ihm nach. Schweigend wandelt Er unter ihnen dahin mit einem stillen Lächeln unendlichen Mitleides. Die Sonne der Liebe brennt in seinem Herzen, Strahlen von Licht und Kraft gehen von seinen Augen aus, ergießen sich auf die Menschen und erschüttern ihre Herzen in Gegenliebe. Er streckt die Hände nach ihnen hin und segnet sie, und von seiner Berührung, ja sogar von der Berührung seines Gewandes geht eine heilende Kraft aus. Da ruft aus der Menge ein Greis, der von seiner Kindheit an blind ist: ›Herr, heile mich, damit ich Dich schaue!‹, und siehe da, es fällt ihm wie Schuppen von den Augen, und der Blinde sieht Ihn. Das Volk weint und küsst die Erde, über die Er dahinschreitet. Die Kinder streuen Blumen vor Ihm auf den Weg, singen und rufen Ihm zu: ›Hosianna! – Das ist Er, das ist Er selbst!‹, sagen alle untereinander. ›Das muss Er sein; das ist niemand anders als Er.‹ Er bleibt am Portal des Domes von Sevilla stehen, gerade in dem Augenblick, als ein offener kleiner weißer Kindersarg unter Weinen und Wehklagen hineingetragen wird; darin liegt ein siebenjähriges Mädchen, die einzige Tochter eines angesehenen Bürgers. Das tote Kind ist ganz in Blumen gebettet. ›Er wird dein Kind auferwecken!‹, ruft man der weinenden Mutter aus der Menge zu. Ein zum Dom gehöriger Pater, der herauskommt, um den Sarg in Empfang zu nehmen, macht ein erstauntes Gesicht und zieht die Augenbrauen zusammen. Aber da ertönt das laute Schluchzen der Mutter des verstorbenen Kindes. Sie wirft sich Ihm zu Füßen. ›Wenn Du es bist, so erwecke mein Kind!‹, ruft sie, indem sie die Hände nach Ihm ausstreckt. Der Zug bleibt stehen; der Sarg wird am Portal zu seinen Füßen niedergestellt. Er blickt voll Mitleid auf die kleine Leiche, und seine Lippen sprechen wiederum die Worte: ›Talitha kumi! (Mädchen, stehe auf!)‹ Das Mädchen erhebt sich im Sarg, setzt sich aufrecht und blickt lächelnd mit erstaunten, weitgeöffneten Augen um sich. In den Händen hält es den Strauß von weißen Rosen, mit dem es im Sarg gelegen hat. Das Volk ist starr vor Staunen, schreit und schluchzt; und siehe da, gerade in diesem Augenblick geht plötzlich am Dom auf dem Platz der Kardinal-Großinquisitor selbst vorbei. Er ist ein fast neunzigjähriger Greis, von hohem Wuchs und gerader Haltung, mit vertrocknetem Gesicht und mit eingesunkenen Augen, aus denen aber doch noch ein Glanz wie ein feuriges Fünkchen herausleuchtet. Oh, er trägt nicht die prächtigen Kardinalsgewänder, in denen er am vorhergehenden Tag vor dem Volk geprangt hat, als die Feinde des römischen Glaubens verbrannt wurden; nein, in diesem Augenblick trägt er nur seine alte, grobe Mönchskutte. Ihm folgen in einiger Entfernung seine finsteren Gehilfen und Knechte und die ›heilige‹ Wache. Er bleibt vor der Menge stehen und beobachtet von fern. Er hat alles gesehen; er hat gesehen, wie man den Sarg Ihm vor die Füße stellte; er hat gesehen, wie das Mädchen auferstand, und sein Gesicht hat sich verfinstert. Er zieht die dichten, grauen Brauen zusammen, und ein böses Feuer funkelt in seinem Blick. Er streckt einen Finger aus und befiehlt der Wache, Ihn zu ergreifen. Und seine Macht ist so groß, und das Volk ist schon dermaßen an Unterwürfigkeit und zitternden Gehorsam ihm gegenüber gewöhnt, dass die Menge sofort vor den Häschern auseinanderweicht und diese inmitten der plötzlich eingetretenen Grabesstille Hand an Ihn legen und Ihn fortführen können. Und augenblicklich beugt die ganze Menge wie ein Mann vor dem greisen Inquisitor die Köpfe zur Erde; dieser erteilt dem Volk schweigend den Segen und geht vorüber. Die Wache führt den Gefangenen in ein enges, finsteres, gewölbtes Verlies in dem alten Gebäude des Heiligen Tribunals und schließt Ihn dort ein. Der Tag vergeht, die dunkle, heiße, totenstille Nacht von Sevilla bricht an. Die Luft ist von dem Duft der Lorbeerbüsche und Zitronenbäume erfüllt. Inmitten der tiefen Dunkelheit öffnet sich plötzlich die eiserne Tür des Kerkers, und der greise Großinquisitor selbst tritt mit einem Leuchter in der Hand herein. Er ist allein; hinter ihm schließt sich sogleich wieder die Tür. Er bleibt am Eingang stehen und blickt lange, eine oder zwei Minuten lang, Ihm ins Gesicht. Endlich tritt er leise näher, stellt den Leuchter auf den Tisch und sagt zu Ihm:

›Bist Du es? Ja?‹ Aber ohne eine Antwort abzuwarten, fügt er schnell hinzu: ›Antworte nicht, schweig! Und was könntest Du auch sagen? Ich weiß recht wohl, was Du sagen willst. Aber Du hast auch gar kein Recht, dem, was Du früher gesagt hast, etwas hinzuzufügen. Warum bist Du denn hergekommen, uns zu stören? Denn uns zu stören bist Du gekommen, und Du weißt das selbst. Aber weißt Du wohl, was morgen geschehen wird? Ich weiß nicht, wer Du bist, und will auch gar nicht wissen, ob Du Er selbst bist oder nur eine Kopie von Ihm; aber gleich morgen werde ich Dich verurteilen und als den schlimmsten aller Ketzer auf dem Scheiterhaufen verbrennen, und dieses selbe Volk, das heute Deine Füße geküsst hat, wird morgen schon auf einen Wink von meiner Hand herbeistürzen, um Kohlen an Deinen Scheiterhaufen heranzuscharren; weißt du das? Ja, Du weißt das vielleicht‹, fügt er in konzentriertem Nachdenken hinzu, ohne auch nur einen Augenblick den Blick von seinem Gefangenen abzuwenden.«

»Ich verstehe das nicht ganz, Iwan, was das vorstellen soll«, sagte Aljoscha lächelnd, der die ganze Zeit über schweigend zugehört hatte. »Ist das einfach zügellose Phantasie oder irgendein Irrtum des Greises, ein unerhörtes qui pro quo?«

»Nimm meinetwegen das Letztere an«, erwiderte Iwan lachend, »wenn dich der moderne Realismus bereits so verwöhnt hat und du nichts Phantastisches mehr ertragen kannst; willst du es als qui pro quo auffassen, so mag es meinetwegen so sein. Das ist ja richtig«, fügte er wieder lachend hinzu, »der Greis ist schon neunzig Jahre alt und kann schon längst über seiner Idee den Verstand verloren haben. Der Gefangene aber hat ihn durch sein Äußeres in Erstaunen versetzen können. Es kann schließlich einfach Fieberwahn gewesen sein, die Vision eines neunzigjährigen Greises vor dem Tod, eines Greises, der noch dazu erregt ist von dem Autodafé des vorhergehenden Tages, wo hundert Ketzer verbrannt worden sind. Aber kann es dir und mir nicht ganz gleichgültig sein, ob es ein qui pro quo ist oder zügellose Phantasie? Die Sache ist doch nur die: Der Greis hat das Bedürfnis, sich auszusprechen, er spricht sich endlich zur Entschädigung für die ganzen neunzig Jahre aus und sagt das laut, was er die ganzen neunzig Jahre verschwiegen hat.«

»Aber schweigt der Gefangene ebenfalls? Er blickt ihn an und spricht kein Wort?«

»So muss es unter allen Umständen sein«, antwortete Iwan und lachte wieder. »Der Greis selbst bemerkt Ihm, dass Er auch gar kein Recht habe, dem, was er schon früher gesagt habe, etwas hinzuzufügen. Darin liegt vielleicht der Grundzug des römischen Katholizismus; wenigstens ist das meine Meinung. Sie sagen: ›Du hast alles dem Papst übergeben; folglich gehört jetzt alles dem Papst; Du aber komme jetzt überhaupt nicht wieder, störe wenigstens nicht vor der Zeit!‹ In diesem Sinne reden sie nicht nur, sondern sie schreiben auch so, wenigstens die Jesuiten. Das habe ich selbst bei ihren Theologen gelesen. ›Hast Du das Recht, uns auch nur eines der Geheimnisse jener Welt aufzudecken, aus der Du gekommen bist?‹, fragt Ihn mein Greis und antwortet Ihm selbst für Ihn: ›Nein, ein solches Recht hast Du nicht; Du darfst dem, was Du schon früher gesagt hast, nichts hinzufügen, und Du darfst den Menschen nicht die Freiheit nehmen, für die Du so warm eingetreten bist, als Du auf Erden warst. Alles, was Du neu verkündigen könntest, würde eine Beeinträchtigung der Freiheit des Glaubens der Menschen sein, da es wie ein Wunder erscheinen würde; und doch war Dir die Freiheit ihres Glaubens damals, vor anderthalb Jahrtausenden, über alles teuer. Hast Du nicht damals so oft gesagt: ‚Ich will euch frei machen!‘? Aber Du hast jetzt diese freien Menschen gesehen‹, fügt der Greis plötzlich mit einem nachdenklichen Lächeln hinzu. ›Ja, dieses Werk hat uns viel Mühe gekostet‹, fährt er, Ihn ernst anblickend, fort, ›aber wir haben dieses Werk endlich glücklich in Deinem Namen durchgeführt. Fünfzehn Jahrhunderte lang haben wir uns mit dieser Freiheit abgequält; aber jetzt ist es mit ihr zu Ende, gründlich zu Ende. Du glaubst nicht, dass es mit ihr gründlich zu Ende ist? Du blickst mich sanftmütig an und würdigst mich nicht einmal Deines Unwillens? Aber wisse, dass jetzt und gerade heutzutage diese Menschen mehr als je davon überzeugt sind, vollkommen frei zu sein; und dabei haben sie selbst uns ihre Freiheit dargebracht und sie uns gehorsam zu Füßen gelegt. Aber wir, wir haben das zuwege gebracht; oder hast Du das gewünscht, eine solche Freiheit gewünscht?‹«

»Ich verstehe wieder nicht«, unterbrach ihn Aljoscha; »meint er das ironisch, macht er sich lustig?«

»Durchaus nicht. Er rechnet es sich und den Seinen geradezu als Verdienst an, dass sie endlich die Freiheit überwältigt haben, und zwar, um die Menschen glücklich zu machen. ›Denn erst jetzt [er spricht natürlich von der Inquisition] ist es zum ersten Mal möglich geworden, an das Glück der Menschen zu denken. Der Mensch war als Rebell erschaffen; können denn nun Rebellen glücklich sein? Du wurdest gewarnt‹, sagt er zu Ihm; ›Du hattest keinen Mangel an Warnungen; Du verschmähtest den einzigen Weg, auf dem es möglich war, die Menschen glücklich zu machen; aber zum Glück übergabst Du, als Du weggingst, diese Aufgabe uns. Du versprachst es, Du bekräftigtest es mit Deinem Wort, Du gabst uns das Recht, zu binden und zu lösen, und kannst Dir natürlich jetzt nicht beikommen lassen, uns dieses Recht wieder zu nehmen. Warum bist Du denn gekommen, uns zu stören?‹«

»Aber was bedeutet das: Du hattest keinen Mangel an Warnungen und Hinweisen?«, fragte Aljoscha.

»Das ist gerade der Hauptpunkt, über welchen sich auszusprechen dem Greis Bedürfnis ist. ›Der furchtbare und kluge Geist, der Geist der Selbstvernichtung und des Nichtseins‹, fährt der Greis fort, ›der große Geist hat mit Dir in der Wüste gesprochen, und es ist uns in der Schrift überliefert, dass er Dich versucht habe. War dem so? Und war es möglich, irgendetwas Wahreres zu sagen als das, was er Dir in den drei Fragen kundtat und was Du zurückwiesest und was in der Schrift ‚Versuchungen' genannt wird? Und doch: wenn es jemals auf Erden ein wahrhaftes, donnergleiches Wunder gegeben hat, so war ein solches das an jenem Tag geschehene, an dem Tag dieser drei Versuchungen. Gerade in der Vorlegung dieser drei Fragen lag das Wunder. Wenn man sich vorstellen könnte (nur so zur Probe und zum Beispiel), dass diese drei Fragen des furchtbaren Geistes in der Schrift spurlos verloren seien und dass es erforderlich sei, sie wiederherzustellen, sie von neuem auszudenken und zu formulieren, um sie wieder in die Schrift einzusetzen, und dass zu diesem Zweck alle Weisen der Erde versammelt würden, die Regenten, die Erzpriester, die Gelehrten, die Philosophen, die Dichter, und ihnen die Aufgabe gestellt würde, drei Fragen auszusinnen und zu formulieren, aber so, dass sie nicht nur der Größe des Ereignisses entsprächen, sondern auch überdies in drei Worten, in nicht mehr als drei menschlichen Sätzen die ganze zukünftige Geschichte der Welt und des Menschengeschlechts zum Ausdruck brächten: meinst Du wohl, dass alle Weisheit der Erde, zusammen vereint, irgendetwas aussinnen könnte, was an Kraft und Tiefe jenen drei Worten gleichkäme, die Dir tatsächlich damals von dem mächtigen, klugen Geist in der Wüste vorgelegt wurden? Schon allein an diesen Fragen, schon allein an dem Wunder ihrer Aufstellung kann man erkennen, dass man es nicht mit einem menschlichen, vergänglichen Verstand, sondern mit einem ewigen, absoluten zu tun hat. Denn in diesen drei Fragen ist gleichsam die ganze weitere Geschichte des Menschengeschlechtes zu einem Ganzen zusammengefasst und vorhergesagt, und es sind drei Formen aufgewiesen, in denen sich alle unlösbaren historischen Widersprüche der menschlichen Natur auf dieser Erde zusammenfinden. Damals konnte dies noch nicht verständlich sein, denn die Zukunft war unbekannt; aber jetzt, wo fünfzehn Jahrhunderte vergangen sind, erkennen wir, dass alles in diesen drei Fragen dermaßen vorhergesagt und erraten und dermaßen eingetroffen ist, dass nichts weiter zu ihnen hinzugefügt oder von ihnen weggenommen werden kann.

Nun entscheide selbst, wer recht hatte: Du oder jener, der Dich damals fragte. Erinnere Dich an die erste Frage; wenn sie auch nicht buchstäblich so lautete, so war doch ihr Sinn folgender: Du willst in die Welt gehen und gehst mit leeren Händen, mit einem Versprechen von Freiheit, das sie in ihrer Einfältigkeit und angeborenen Schlechtigkeit nicht einmal begreifen können, das ihnen Furcht und Schrecken einflößt – denn nichts ist jemals für den Menschen und für die menschliche Gesellschaft unerträglicher gewesen als die Freiheit! Aber siehst Du die Steine hier in dieser nackten, glühenden Wüste? Verwandle sie in Brot, und die Menschheit wird Dir wie eine Herde nachlaufen, dankbar und gehorsam, wenn auch in stetem Zittern, Du könntest Deine Hand abziehen, und es hätte dann mit Deinen Broten für sie ein Ende. Du aber wolltest den Menschen nicht der Freiheit berauben und verschmähtest den Vorschlag; denn was ist das für eine Freiheit, so urteiltest Du, wenn der Gehorsam durch Brot erkauft wird? Du erwidertest, der Mensch lebe nicht vom Brot allein; aber weißt Du wohl, dass im Namen eben dieses irdischen Brotes der Erdgeist sich gegen Dich erheben und mit Dir kämpfen und Dich besiegen wird und alle ihm nachfolgen werden unter dem Rufe: ‚Wer tut es diesem Tiere gleich? Es gab uns das Feuer vom Himmel!' Weißt Du wohl, dass nach Verlauf von Jahrhunderten die Menschheit durch den Mund ihrer Weisen und Gelehrten verkünden wird, es gebe gar kein Verbrechen und folglich auch keine Sünde, sondern es gebe nur Hungrige? Mache sie satt, und dann erst verlange von ihnen Tugend! Das werden sie auf das Banner schreiben, das sie gegen Dich erheben werden und durch das Dein Tempel gestürzt werden wird. Anstelle Deines Tempels wird ein neuer Bau aufgeführt werden; es wird sich von neuem ein furchtbarer babylonischer Turm erheben, und obgleich auch dieser ebenso wenig wie der frühere zu Ende gebaut werden wird, so hättest Du doch diesen neuen Turmbau vermeiden und die Leiden der Menschen um tausend Jahre abkürzen können; denn zu uns, zu uns werden sie ja kommen, wenn sie sich tausend Jahre lang mit ihrem Turme abgequält haben werden! Sie werden uns dann wieder unter der Erde suchen, in den Katakomben, in denen wir uns verborgen halten (denn wir werden wieder verfolgt und gemartert sein); sie werden uns finden und uns zuschreien: ‚Macht uns satt; denn diejenigen, die uns das Feuer vom Himmel versprachen, haben es uns nicht gegeben.' Und dann werden wir auch ihren Turm zu Ende bauen; denn zu Ende bauen wird ihn der, der sie satt macht; satt machen aber werden nur wir sie, in Deinem Namen. Oh, niemals, niemals werden sie ohne uns satt werden! Keine Wissenschaft wird ihnen Brot geben, solange sie frei bleiben werden; aber es wird damit enden, dass sie uns ihre Freiheit zu Füßen legen und zu uns sagen: ‚Knechtet uns lieber, aber macht uns satt!' Sie werden schließlich selbst begreifen, dass Freiheit und reichliches irdisches Brot für einen jeden zusammen undenkbar sind; denn niemals, niemals werden sie verstehen, untereinander zu teilen! Sie werden auch zu der Überzeugung gelangen, dass sie niemals frei sein können, weil sie kraftlos, lasterhaft, nichtig und rebellisch sind. Du versprachst ihnen himmlisches Brot; aber ich wiederhole noch einmal: Kann sich dieses in den Augen des schwachen, ewig lasterhaften und ewig undankbaren Menschengeschlechtes mit dem irdischen Brot vergleichen? Und wenn Dir um des himmlischen Brotes willen Tausende und Abertausende nachfolgen werden, was wird aus den Millionen und Abermillionen jener Wesen werden, die nicht die Kraft haben werden, das irdische Brot um des himmlischen willen geringzuschätzen? Oder sind Dir nur die Tausend der Großen und Starken teuer, und die übrigen Millionen, die zahlreich sind, wie der Sand am Meer, die Schwachen, die Dich aber doch lieben, die sollen nur als Material für die Großen und Starken dienen? Nein, uns sind auch die Schwachen teuer. Sie sind lasterhaft und rebellisch; aber schließlich werden auch sie gehorsam werden. Sie werden uns anstaunen und uns für Götter halten, weil wir, die wir uns an ihre Spitze stellen, uns bereit erklärt haben, die Freiheit zu ertragen, vor der sie Angst haben, und über sie zu herrschen – eine so schreckliche Empfindung wird es schließlich für sie werden, frei zu sein. Aber wir werden sagen, wir seien Dir gehorsam und herrschten in Deinem Namen. Wir werden sie wieder täuschen; denn Dich werden wir nicht mehr zu uns lassen. In dieser Täuschung wird aber auch unser Leiden liegen; denn wir werden genötigt sein zu lügen. Das also ist es, was diese erste Frage in der Wüste bedeutete und was Du verschmäht hast um der Freiheit willen, die Du höher als alles andere stelltest. Und doch lag in dieser Frage das große Geheimnis dieser Welt beschlossen. Hättest Du das Brot angenommen, so hättest Du damit einem allgemeinen und ewigen menschlichen Sehnen entsprochen, einem Sehnen des einzelnen Menschenwesens wie der ganzen Menschheit zusammengenommen, jenem Sehnen, das sich in der Frage ausspricht: Wen soll ich anbeten? Es gibt für den Menschen, wenn er frei geblieben ist, keine beständigere, quälendere Sorge, als möglichst rasch jemand zu finden, den er anbeten kann. Aber der Mensch möchte nur etwas anbeten, was bereits unbestritten ist, so unbestritten, dass alle Menschen zugleich sich zu seiner gemeinsamen Anbetung bereit erklären. Denn die Sorge dieser kläglichen Geschöpfe besteht nicht nur darin, etwas zu finden, was ich oder ein anderer anbeten kann, sondern etwas von der Art zu finden, dass alle daran glauben und es anbeten, unbedingt alle zusammen. Und dieses Bedürfnis der gemeinsamen Anbetung, gerade das ist die größte Qual sowohl eines Individuums als auch der ganzen Menschheit von der Urzeit an. Um der gemeinsamen Anbetung willen vernichten sie einander mit dem Schwert. Sie schufen sich Götter und riefen einander zu: ‚Verlasst eure Götter und kommt her, die unsrigen anzubeten; oder der Tod euch und euren Göttern!' Und so wird es sein bis ans Ende der Welt, selbst dann, wenn die Götter aus der Welt verschwinden: Das macht den Menschen nichts aus, dann werden sie eben vor Götzen niederfallen. Du kanntest dieses wichtigste Geheimnis der menschlichen Natur; es konnte Dir nicht unbekannt sein; aber Du wiesest das einzige wirksame Banner zurück, das Dir angeboten wurde, um alle zu zwingen, widerspruchslos Dich anzubeten, das Banner des irdischen Brotes; Du wiesest es zurück um der Freiheit und des himmlischen Brotes willen. Und nun sieh, was Du weiter getan hast! Und alles wieder um der Freiheit willen! Ich sage Dir, der Mensch kennt keine quälendere Sorge, als jemand zu finden, dem er so schnell wie möglich jenes Geschenk der Freiheit übergeben kann, mit dem dieses unglückliche Geschöpf geboren wird. Aber nur derjenige bekommt die Freiheit der Menschen in seine Gewalt, der ihr Gewissen beruhigt. Mit dem Brot wurde Dir ein unbestrittenes Banner angeboten: Wenn Du ihm Brot gibst, so betet Dich der Mensch an; denn nichts ist unbestrittener als das Brot; aber wenn jemand gleichzeitig ohne Dein Wissen das Gewissen des Menschen in seine Gewalt bekommt – oh, dann lässt er sogar Dein Brot im Stich und folgt demjenigen nach, der sein Gewissen verführt. In diesem Punkt hattest Du recht. Denn das Geheimnis des menschlichen Daseins liegt nicht darin, lediglich zu leben, sondern darin, für irgendeinen Zweck zu leben. Hat der Mensch keine feste Vorstellung von dem Zweck, für den er lebt, so mag er nicht weiterleben und zieht die Selbstvernichtung dem Verbleiben auf der Erde vor, mögen auch noch so viele Brote um ihn herumliegen. Das ist nun einmal so; aber was begab sich nun? Statt die Freiheit der Menschen in Deine Gewalt zu bringen, vergrößertest Du sie ihnen noch! Oder hattest Du vergessen, dass Ruhe und sogar der Tod dem Menschen lieber ist als die freie Wahl in der Erkenntnis von Gut und Böse? Nichts ist verführerischer für den Menschen als die Freiheit seines Gewissens; aber nichts ist für ihn auch qualvoller. Statt nun dem Menschen ein für alle Mal feste Grundlagen zur Beruhigung seines Gewissens zu geben, wiesest Du ihm alles zu, was es Ungewöhnliches, Rätselhaftes und Unbestimmtes gibt, alles, was über die Kraft der Menschen hinausging, und handeltest somit, als ob Du sie überhaupt nicht liebtest, Du, der Du doch gekommen warst, um das eigene Leben für sie hinzugeben! Statt die Freiheit der Menschen in Deine Gewalt zu bringen, hast Du sie noch vermehrt und das Seelenleben des Menschen für allezeit mit ihren Qualen belastet. Du wünschtest freie Liebe vonseiten des Menschen; frei sollte er Dir nachfolgen, entzückt und bezaubert von Dir. Statt des festen alten Gesetzes sollte der Mensch künftig selbst mit freiem Herzen entscheiden, was gut und böse sei, und dabei nur Dein Vorbild als Führer vor sich haben. Aber hast Du wirklich nicht bedacht, dass er schließlich sogar Dein Vorbild und Deine Wahrheit verwerfen und als unverbindlich ablehnen wird, wenn sie ihm eine so furchtbare Last aufbürden, wie es die Freiheit der Wahl ist? Die Menschen werden schließlich rufen, Du seiest nicht die Wahrheit; denn es war unmöglich, sie in noch größerer Verwirrung und Qual zurückzulassen, als Du es tatest, indem Du ihnen so viele Sorgen und unlösbare Aufgaben hinterließest. Auf diese Weise hast Du selbst den Grund zur Zerstörung Deines eigenen Reiches gelegt und darfst niemanden weiter beschuldigen. Und es wurde Dir doch etwas ganz anderes vorgeschlagen! Es gibt drei Mächte, nur drei Mächte auf der Erde, die imstande sind, das Gewissen dieser schwächlichen Rebellen für allezeit zu ihrem Glück zu besiegen und zu fesseln; diese drei Mächte sind: das Wunder, das Geheimnis und die Autorität. Du hast das Erste und das Zweite und das Dritte verschmäht und durch Dein eigenes Verhalten ein Beispiel dafür gegeben. Als der furchtbare, kluge Geist Dich auf die Zinne des Tempels stellte und zu Dir sagte: ‚Wenn Du wissen willst, ob Du Gottes Sohn bist, so wirf Dich hinab; denn von jenem steht geschrieben, dass die Engel ihn auffangen und ihn tragen werden und er nicht fallen oder sich stoßen wird. Und dann wirst Du erkennen, ob Du Gottes Sohn bist, und wirst dann beweisen, wie groß Dein Glaube an Deinen Vater ist.‘ Aber Du wiesest, als Du das hörtest, den Vorschlag zurück und willigtest nicht ein und warfst Dich nicht hinab. Oh, natürlich handeltest Du stolz und großartig wie ein Gott; aber die Menschen, dieses schwache, rebellische Geschlecht, sind sie etwa Götter? Oh, Du sahst damals ein, dass, wenn Du auch nur einen Schritt tätest, nur eine Bewegung machtest, um Dich hinabzuwerfen, Du somit sogleich Gott versuchen und allen Glauben an ihn verlieren und auf der Erde zerschmettern würdest, die Du zu retten gekommen warst; und dass sich der kluge Geist freuen würde, der Dich versuchte. Aber ich sage noch einmal: Gibt es viele solche wie Du? Und hast Du wirklich auch nur einen Augenblick lang annehmen können, dass auch die Kraft der Menschen dazu ausreichen werde, eine derartige Versuchung zu bestehen? Ist denn die Natur des Menschen so beschaffen, dass er das Wunder ablehnen und in solchen furchtbaren Augenblicken des Lebens, Augenblicken der furchtbarsten und qualvollsten fundamentalen Seelenfragen, nur mit der freien Entscheidung des Herzens aufkommen kann? Oh, Du wusstest, dass Deine Tat in der Schrift werde aufbewahrt werden, dass sie bis an das Ende aller Zeiten und bis an die letzten Grenzen der Erde gelangen werde, und Du hofftest, auch der Mensch werde, Dir nachfolgend, in der Gemeinschaft mit Gott bleiben, ohne des Wunders zu bedürfen. Aber Du wusstest nicht, dass der Mensch, sobald er das Wunder ablehnt, zugleich auch Gott ablehnt; denn der Mensch sucht nicht so sehr Gott als das Wunder. Und da der Mensch nicht imstande ist, ohne Wunder auszukommen, so wird er sich neue Wunder schaffen, eigene Wunder, und wird sich vor den Wundern der Zauberer und Hexen beugen, mag er auch hundertmal ein Rebell, ein Ketzer und ein Atheist sein. Du bist nicht vom Kreuz herabgestiegen, als Dir spottend und höhnend zugerufen wurde: ‚Steig herab vom Kreuz, und wir werden glauben, dass Du der Sohn Gottes bist', Du bist nicht herabgestiegen, weil Du wiederum den Menschen nicht durch ein Wunder knechten wolltest und einen freien Glauben wünschtest, keinen Wunderglauben. Du wünschtest eine freie Liebe und nicht das sklavische Entzücken des Unfreien über eine Macht, die ihm ein für alle Mal Schrecken einflößt. Aber auch hier hast Du von den Menschen zu hoch gedacht; denn allerdings sind sie Unfreie, wenn sie auch als Rebellen geschaffen sind. Schau um Dich und urteile selbst: Es sind jetzt fünfzehn Jahrhunderte verflossen. Wohlan, mustere die Menschen: Wen hast Du zu Dir emporgehoben? Ich schwöre Dir: Der Mensch ist schwächer und niedriger, als Du von ihm geglaubt hast! Kann er denn, frage ich, kann er denn das überhaupt ausführen, was Du ausgeführt hast? Indem Du ihn so hoch einschätztest, hast Du gehandelt, als ob Du kein Mitleid mehr mit ihm empfändest; denn Du hast gar zu viel von ihm verlangt, Du, der Du ihn doch mehr liebtest als Dich selbst! Hättest Du ihn minder hoch eingeschätzt, so würdest Du auch weniger von ihm verlangt haben, und das wäre liebreicher gewesen; denn seine Bürde wäre dann leichter gewesen. Er ist schwach und gemein. Was will das besagen, dass er jetzt allerorten gegen unsere Macht rebelliert und auf diese Rebellion stolz ist? Das ist der Stolz eines Kindes und Schulknaben. Das sind kleine Kinder, die in der Klasse revoltieren und den Lehrer hinaustreiben. Aber auch der Jubel dieser kleinen Kinder wird ein Ende finden; er wird ihnen teuer zu stehen kommen. Sie werden den Tempel niederreißen und die Erde mit Blut überschwemmen. Aber zuletzt werden die dummen Kinder merken, dass sie, mögen sie auch Rebellen sein, doch nur schwächliche Rebellen sind, die ihre eigene Rebellion nicht aushalten. In dumme Tränen ausbrechend, werden sie schließlich bekennen, dass derjenige, der sie zu Rebellen erschaffen hat, sich ohne Zweifel über sie hat lustig machen wollen. Sie werden das voller Verzweiflung sagen, und das, was sie sagen, wird eine Gotteslästerung sein, die sie noch unglücklicher machen wird; denn die menschliche Natur erträgt keine Gotteslästerung und bestraft sich immer selbst dafür. Und so ist denn jetzt Unruhe, Verwirrung und Unglück das Los der Menschen, nachdem Du so viel für ihre Freiheit gelitten hast! Dein großer Prophet sagt in einer allegorischen Vision, er habe alle Teilnehmer der ersten Auferstehung gesehen, und es seien ihrer aus jedem Stamme zwölftausend gewesen. Aber wenn ihrer so viele waren, so waren auch sie gewissermaßen nicht Menschen, sondern Götter. Sie haben Dein Kreuz getragen, sie haben es ertragen, jahrzehntelang in der öden, kahlen Wüste zu leben und sich von Heuschrecken und Wurzeln zu nähren – und Du kannst allerdings mit Stolz auf diese Kinder der Freiheit hinweisen, die Dich frei geliebt und um Deines Namens willen freiwillig ein so großartiges Opfer gebracht haben. Aber vergiss nicht, dass ihrer im Ganzen nur wenige Tausende waren, und das Götter; aber die Übrigen? Was können die übrigen, die schwachen Menschen dafür, dass sie nicht dasselbe ertragen konnten wie die Starken? Was kann eine schwache Seele dafür, dass sie nicht imstande ist, so furchtbare Gaben in sich aufzunehmen? Bist Du denn wirklich nur zu den Auserwählten und für die Auserwählten gekommen? Aber wenn es so ist, dann ist hier ein Geheimnis, und wir können es nicht verstehen. Wenn es aber ein Geheimnis ist, so waren auch wir berechtigt, dies zu verkünden und die Menschen zu lehren, dass nicht der freie Entschluss ihrer Herzen und nicht die Liebe das Entscheidende ist, sondern jenes Geheimnis, dem sie sich blind unterordnen müssen, selbst gegen ihr Gewissen. Das haben wir denn auch getan. Wir haben Deine Tat verbessert und sie auf das Wunder, auf das Geheimnis und auf die Autorität gegründet. Und die Menschen freuten sich, dass sie wieder wie eine Herde geleitet wurden und dass endlich das so furchtbare Geschenk, das ihnen so viel Qual bereitet hatte, von ihrem Herzen weggenommen war. Sprich, waren wir berechtigt, so zu lehren und so zu handeln? Haben wir etwa nicht die Menschheit geliebt, als wir so freundlich ihre Schwäche anerkannten, ihre Bürde liebevoll erleichterten und ihrer schwächlichen Natur sogar die Sünde gestatteten, wenn sie mit unserer Erlaubnis geschah? Warum bist Du denn jetzt gekommen, uns zu stören? Und warum siehst Du mich schweigend und durchdringend an mit Deinen sanften Augen? Werde doch zornig! Ich will Deine Liebe nicht, weil auch ich selbst Dich nicht liebe. Und was könnte ich Dir verbergen? Als ob ich nicht wüsste, mit wem ich rede! Was ich Dir zu sagen habe, ist Dir schon alles bekannt; das lese ich in Deinen Augen. Und ich sollte unser Geheimnis vor Dir verbergen? Vielleicht willst Du es gerade aus meinem Mund vernehmen. So höre denn: Wir sind nicht mit Dir im Bund, sondern mit *ihm*, das ist unser Geheimnis! Wir sind schon seit langer Zeit nicht mehr mit Dir im Bund, sondern mit *ihm*, schon acht Jahrhunderte lang. Acht Jahrhunderte ist es her, dass wir von ihm das annahmen, was Du unwillig zurückwiesest, jene letzte Gabe, die er Dir anbot, indem er Dir alle Reiche der Erde zeigte: Wir haben von ihm Rom empfangen und das Schwert des Kaisers und haben uns selbst als die Herren der Erde, als ihre einzigen Herren erklärt, obwohl wir unser Werk bis heute noch nicht zum vollen Abschluss zu bringen vermochten. Aber wessen Schuld ist das? Oh, dieses Werk befindet sich jetzt erst im Anfangsstadium; aber begonnen ist es. Lange noch werden wir auf seine Vollendung warten müssen, und viel noch wird die Erde leiden; aber wir werden zum Ziel gelangen und werden die Kaiser der Welt sein, und dann werden wir auch auf das Glück aller Menschen bedacht sein. Du aber hättest auch damals schon das Schwert des Kaisers ergreifen können. Warum hast Du diese letzte Gabe zurückgewiesen? Hättest Du diesen dritten Rat des mächtigen Geistes angenommen, so würdest Du alle Wünsche erfüllt haben, die der Mensch hier auf Erden hegt: er hätte jemand gehabt, den er anbeten und dem er sein Gewissen anvertrauen könnte, und hätte eine Möglichkeit gesehen, dass sie sich endlich alle zu einem gemeinsamen, feindlosen, einmütigen Ameisenhaufen vereinigen; denn das Bedürfnis einer die ganze Welt umfassenden Vereinigung ist die dritte und letzte Qual der Menschen. Immer hat die Menschheit in ihrer Gesamtheit danach gestrebt, sich unter allen Umständen universell zu gestalten. Es hat viele große Völker mit einer großen Geschichte gegeben; aber je höher diese Völker standen, umso unglücklicher waren sie; denn stärker als die andern empfanden sie das Bedürfnis nach einer universellen Vereinigung der Menschen. Große Eroberer wie Timur und Dschingis Khan fuhren wie ein Wirbelsturm über die Erde hin, bestrebt, die Welt zu erobern; aber auch sie brachten, wenn auch unbewusst, dasselbe große Bedürfnis der Menschheit nach einer allgemeinen, alles umfassenden Vereinigung zum Ausdruck. Hättest Du das Schwert und den Purpur des Kaisers angenommen, so würdest Du eine Weltherrschaft begründet und der ganzen Welt Ruhe gebracht haben. Denn wem anders steht es zu, über die Menschen zu herrschen, als denen, die das Gewissen der Menschen in ihrer Gewalt haben und in deren Händen das Brot der Menschen ist? Wir haben unsererseits das Schwert des Kaisers ergriffen; aber indem wir es ergriffen, haben wir uns freilich von Dir abgewandt und sind *ihm* gefolgt. Oh, noch jahrhundertelang wird der Unfug des freien Geistes, ihrer Wissenschaft und Menschenfresserei dauern; denn sie, die ihren babylonischen Turm ohne uns durchzuführen begannen, werden mit Menschenfresserei endigen. Aber dann, dann wird das Tier zu uns herangekrochen kommen und unsere Füße lecken und sie mit den blutigen Tränen seiner Augen benetzen. Und wir werden uns auf das Tier setzen und den Kelch erheben, und auf diesem wird geschrieben stehen: Geheimnis! Erst dann, erst dann wird für die Menschen das Reich der Ruhe und des Glücks beginnen. Du bist stolz auf Deine Auserwählten; aber Du hast nur Auserwählte, während wir allen Ruhe bringen. Und noch eins: Wie viele von diesen Auserwählten und von den Starken, die da hätten Auserwählte werden können, sind es schließlich müde geworden, auf Dich zu warten, und haben die Kräfte ihres Geistes und die Glut ihres Herzens auf ein anderes Feld übertragen und tun das auch jetzt noch und werden damit endigen, dass sie ihr freies Banner selbst gegen Dich erheben. Aber Du hast ja selbst dieses Banner erhoben. Bei uns aber werden alle glücklich sein und weder mehr rebellieren noch einander vernichten, wie es unter Deiner Freiheit allerorten geschah. Oh, wir werden sie davon überzeugen, dass sie erst dann wahrhaftig frei sein werden, wenn sie zu unseren Gunsten ihrer Freiheit entsagen und uns gehorchen. Und wie ist es? Werden wir damit recht haben, oder wird es gelogen sein? Sie werden selbst einsehen, dass wir damit recht haben; denn sie werden sich erinnern, zu welcher schrecklichen Sklaverei und Verwirrung sie Deine Freiheit gebracht hatte. Die Freiheit, die freie Vernunft und die Wissenschaft werden sie in solche Schluchten führen und sie vor solche Wunder und vor solche unlöslichen Geheimnisse stellen, dass manche von ihnen, die Unbotmäßigen und Trotzigen, sich selbst vernichten werden, andere, die Unbotmäßigen, aber Schwächlichen, sich gegenseitig vernichten werden und die Dritten, die letzten noch Übriggebliebenen, die ganz Schwachen und Unglücklichen, zu unseren Füßen herankriechen und uns zuheulen werden: ‚Ja, ihr hattet recht; ihr allein wart im Besitz seines Geheimnisses, und wir kehren zu euch zurück; rettet uns vor uns selbst!' Wenn sie von uns Brot erhalten, so werden sie allerdings deutlich erkennen, dass wir ihnen ihr eigenes Brot, das sie mit ihren eigenen Händen erworben haben, wegnehmen, um es dann wieder unter sie zu verteilen, ohne jedes Wunder; sie werden sehen, dass wir nicht Steine in Brot verwandelt haben; aber in Wahrheit werden sie sich, mehr als über das Brot selbst, darüber freuen, dass sie es aus unseren Händen empfangen! Denn sie werden sich recht wohl daran erinnern, dass früher, ohne uns, das durch ihre Arbeit erworbene Brot selbst sich in ihren Händen in Stein verwandelte, dass aber, nach ihrer Rückkehr zu uns, selbst die Steine in ihren Händen zu Brot wurden. Völlig, völlig werden sie es zu schätzen wissen, was es bedeutet, sich ein für alle Mal zu unterwerfen! Und solange die Menschen das nicht begreifen, werden sie unglücklich sein. Und nun sage: Wer hat am allermeisten zu diesem Mangel an Verständnis beigetragen? Wer hat die Herde zerstückelt und auf unbekannte Wege versprengt? Aber die Herde wird sich von neuem sammeln und sich von neuem unterwerfen, und zwar dann ein für alle Mal. Dann werden wir den Menschen ein stilles, friedliches Glück gewähren, das Glück schwacher Wesen, als die sie nun einmal geschaffen sind. Oh, wir werden sie schließlich überreden, ihren Stolz abzulegen; denn Du hast sie emporgehoben und sie dadurch gelehrt, stolz zu sein; wir werden ihnen beweisen, dass sie schwach, dass sie nur armselige Kinder sind, dass aber das Glück von Kindern süßer ist als jedes andere. Sie werden schüchtern werden und zu uns aufblicken und sich ängstlich an uns drücken wie die Küken an die Henne. Sie werden uns anstaunen und fürchten und stolz darauf sein, dass unsere Macht und Klugheit uns befähigt hat, eine so störrische Herde von tausend Millionen zu zähmen. Sie werden kraftlos zittern vor unserm Zorn, ihr Geist wird zagen, ihre Augen werden zum Weinen geneigt sein wie die der Kinder und Frauen; aber ebenso leicht werden sie auch auf unsern Wink zu Fröhlichkeit und Gelächter und heller Freude und glückseligen Kinderliedchen übergehen. Ja, wir werden sie zwingen zu arbeiten; aber in den arbeitsfreien Stunden werden wir ihnen das Leben zu einer Art kindlichen Spieles gestalten, mit Kinderliedern, Chorgesängen und unschuldigen Tänzen. Oh, wir werden ihnen auch die Sünde erlauben; sie sind schwach und kraftlos und werden uns wie Kinder dafür lieben, dass wir ihnen gestatten zu sündigen. Wir werden ihnen sagen, jede Sünde könne wiedergutgemacht werden, sofern sie mit unserer Erlaubnis begangen sei; wenn ihnen aber von uns gestattet werde zu sündigen, so habe das seinen Grund in unserer Liebe zu ihnen; die Strafe aber für diese Sünden seien wir bereit, auf uns zu nehmen. Und wir werden sie auch auf uns nehmen; sie aber werden uns als ihre Wohltäter vergöttern, weil wir vor Gott ihre Sünden auf uns nehmen. Und sie werden keinerlei Geheimnisse vor uns haben. Wir werden ihnen erlauben oder verbieten, mit ihren Frauen und Geliebten zu leben, Kinder zu haben oder keine Kinder zu haben, alles nach dem Grad ihres Gehorsams, und sie werden sich uns mit Lust und Freude unterwerfen. Auch die qualvollsten Geheimnisse ihres Gewissens, alles, alles werden sie zu uns bringen, und wir werden alles entscheiden, und sie werden unserer Entscheidung mit Freuden glauben, weil diese sie von der großen Sorge und der jetzigen furchtbaren Qual der freien persönlichen Entscheidung befreien wird. Und alle werden glücklich sein, alle die Millionen von Wesen, mit Ausnahme der hunderttausend, die über sie herrschen. Denn nur wir, wir, die Hüter des Geheimnisses, nur wir werden unglücklich sein. Es wird Tausende von Millionen glücklicher Kinder geben und hunderttausend Dulder, die den Fluch der Erkenntnis von Gut und Böse auf sich genommen haben. Still werden sie sterben, still erlöschen in Deinem Namen und jenseits des Grabes nur den Tod finden. Aber das werden wir geheim halten und werden die Menschen zu ihrem eigenen Glück durch die Verheißung einer ewigen, himmlischen Belohnung locken. Denn selbst wenn es etwas im Jenseits gäbe, so würde es doch sicherlich nicht für solche wie sie sein. Es wird gesagt und prophezeit, Du werdest wiederkommen und einen neuen Sieg erringen; Du werdest wiederkommen mit Deinen Auserwählten, mit Deinen Stolzen und Starken; aber wir werden sagen, dass diese nur sich selbst erlöst haben, wir aber alle Menschen. Es wird gesagt, die Buhlerin, die auf dem Tier sitzt und das ‚Geheimnis' in den Händen hält, werde beschimpft werden, und die Schwachen würden sich von neuem empören und das Buhlergewand der Buhlerin zerreißen und ihren garstigen Leib entblößen. Aber dann werde ich aufstehen und Dich hinweisen auf die Tausende von Millionen glücklicher Kinder, die die Sünde nicht gekannt haben. Und wir, die wir um ihres Glückes willen ihre Sünde auf uns genommen haben, wir werden vor Dich hintreten und zu Dir sagen: ‚Verurteile uns, wenn Du das kannst und wagst!' Wisse, dass ich Dich nicht fürchte. Wisse, dass auch ich in der Wüste war, dass auch ich mich von Heuschrecken und Wurzeln nährte, dass auch ich die Freiheit segnete, mit der Du die Menschen gesegnet hattest, und auch ich mich vorbereitete, in die Zahl Deiner Auserwählten, der Starken und Mächtigen, einzutreten, in dem heißen Wunsch, ihre Zahl vollzumachen. Aber ich kam zur Besinnung und trug nun kein Verlangen, dem Wahnsinn zu dienen. Ich kehrte zurück und schloss mich der Schar derjenigen an, die Deine Tat verbesserten. Ich ging fort von den Stolzen und kehrte zu den Demütigen zurück, um diese glücklich zu machen. Was ich Dir sage, wird in Erfüllung gehen, und unser Reich wird errichtet werden. Ich wiederhole Dir: Schon am morgigen Tag wirst Du sehen, wie diese gehorsame Herde auf meinen ersten Wink hinzustürzen wird, um glühende Kohlen an Deinen Scheiterhaufen heranzuscharren, auf dem ich Dich verbrennen werde dafür, dass Du gekommen bist, uns zu stören. Denn wenn je jemand im höchsten Grade unseren Scheiterhaufen verdient hat, so bist Du es. Morgen werde ich Dich verbrennen. Dixi.‹«

Iwan hielt inne. Er war beim Sprechen in Eifer geraten und hatte sich von seinem Stoff hinreißen lassen; aber als er geendet hatte, lächelte er auf einmal.

Aljoscha hatte ihm die ganze Zeit über schweigend zugehört; gegen das Ende hatte er sich in größter Erregung oftmals angeschickt, den Bruder zu unterbrechen, sich aber offenbar gewaltsam beherrscht. Nun fing er plötzlich, fast von seinem Platz aufspringend, an zu reden.

»Aber … das ist ja ein Unsinn!«, rief er errötend. »Deine Dichtung ist ein Lob Jesu und kein Tadel … wie du es wolltest. Und wer wird dir das glauben, was du da von der Freiheit gesagt hast? Muss man sie denn so, gerade so auffassen? Ist denn das die Auffassung in unserer rechtgläubigen Kirche? Das ist Rom und nicht einmal das ganze Rom; das ist eine Unwahrheit – das sind nur die schlechtesten Elemente des Katholizismus, die Inquisitoren, die Jesuiten! … Und eine so phantastische Persönlichkeit wie deinen Inquisitor kann es überhaupt nicht geben. Was sind das für Sünden der Menschen, die sie auf sich genommen haben? Was sind das für Träger des Geheimnisses, die irgendwelchen Fluch auf sich genommen haben, um die Menschen glücklich zu machen? Wann hat man von solchen gehört? Wir kennen die Jesuiten; es wird über sie schlecht gesprochen; aber trifft denn das, was du sagst, auf sie zu? Sie sind ganz und gar nicht von der Art, durchaus nicht … Sie sind einfach die römische Armee für das zukünftige, die ganze Welt umfassende irdische Reich, an dessen Spitze der römische Erzpriester als Imperator stehen soll … das ist ihr Ideal, aber ohne alle Geheimnisse und ohne allen erhabenen Kummer … Was da vorliegt, ist das einfache Verlangen nach Macht, nach schmutzigen irdischen Gütern, nach Knechtung, in der Art einer zukünftigen Leibeigenschaft, mit der Absicht, selbst die Gutsbesitzer zu werden … das ist alles, was sie wollen. Vielleicht glauben sie auch gar nicht an Gott. Dein leidender Inquisitor ist nichts als Phantasie …«

»Halt, halt!«, rief Iwan lachend. »Wie hitzig du geworden bist! Eine Phantasie, sagst du; nun meinetwegen. Gewiss ist es eine Phantasie. Aber erlaube mal: Meinst du wirklich, dass diese ganze katholische Bewegung der letzten Jahrhunderte tatsächlich weiter nichts ist als ein Verlangen nach Macht, nur um schmutziger Güter willen? Hat dich das Vater Paissi gelehrt?«

»Nein, nein, im Gegenteil; Vater Paissi sagte sogar einmal etwas in deinem Sinne ... aber freilich war es doch anders, ganz anders«, verbesserte sich Aljoscha schnell.

»Das ist dennoch eine wertvolle Nachricht, trotz deines ›ganz anders‹. Ich frage dich geradezu: Warum glaubst du, dass die Jesuiten und Inquisitoren sich einzig und allein um hässlicher materieller Güter willen zusammengetan haben? Warum soll denn unter ihnen kein einziger Dulder vorkommen können, der von großem Leid gequält wird und die Menschheit liebt? Nimm doch einmal an, es habe sich unter all diesen, welche lediglich nach schmutzigen materiellen Gütern streben, auch nur ein Einziger befunden von der Art meines greisen Inquisitors, der selbst in der Wüste Wurzeln gegessen und gegen sein Fleisch gewütet und es überwunden hat, um frei und vollkommen zu werden, der aber doch sein ganzes Leben lang die Menschheit geliebt hat und nun plötzlich zu der Einsicht gelangt ist, dass es keine große sittliche Glückseligkeit ist, die Vollkommenheit des Willens zu erreichen, wenn man gleichzeitig davon überzeugt ist, dass Millionen anderer Geschöpfe Gottes dies nicht können und nur zum Hohn geschaffen sind, dass sie nie imstande sein werden, mit ihrer Freiheit zurechtzukommen, dass die armseligen Rebellen sich niemals zu Riesen entwickeln und den Turm fertigbauen werden, und dass der große Idealist sich nicht für solche Gänse in Träumereien von seiner Harmonie ergangen hat. Nachdem er das alles eingesehen hatte, kehrte er um und schloss sich an die klugen Leute an. Konnte sich so etwas nicht begeben?«

»An wen schloss er sich an? An welche klugen Leute?«, rief Aljoscha beinahe zornig. »Sie besitzen gar keinen solchen Verstand und gar keine solchen Geheimnisse ... Höchstens ihre Gottlosigkeit, das ist ihr ganzes Geheimnis. Dein Inquisitor glaubt nicht an Gott, das ist sein ganzes Geheimnis!«

»Sei es so, meinetwegen! Endlich hast du es erraten. Und es ist wirklich so; tatsächlich besteht darin das ganze Geheimnis; aber ist das etwa kein Leid, wenn auch nur für einen Menschen, wie er, der in der Wüste sein ganzes Leben ertötete, um eine Großtat zu verrichten, und sich doch nicht kurieren konnte von seiner Liebe zur Menschheit? Am Abend seiner Tage gelangt er mit aller Klarheit zu der Überzeugung, dass nur die Ratschläge des großen, furchtbaren Geistes den Zustand dieser schwächlichen Rebellen, dieser unfertigen, gleichsam nur zur Probe hergestellten, zum Hohn geschaffenen Wesen einigermaßen erträglich gestalten könnten. Und nun, da er davon überzeugt ist, sieht er ein, dass man nach der Weisung des klugen Geistes, des furchtbaren Geistes des Todes und der Zerstörung, verfahren und sich zu diesem Zweck der Lüge und der Täuschung bedienen und die Menschen mit Bewusstsein zum Tod und Untergang führen und sie dabei auf dem ganzen Weg betrügen müsse, damit sie nicht merken, wohin sie geführt werden, und damit diese armseligen Blinden sich wenigstens auf dem Weg für glücklich halten. Und merke wohl, der Betrug geschieht im Namen dessen, an dessen Ideal der Greis sein ganzes Leben lang so leidenschaftlich geglaubt hat! Ist das etwa kein Unglück? Und wenn sich auch nur ein einziger solcher Mensch an der Spitze dieser ganzen Armee befinden sollte, ›die lediglich um schmutziger Güter willen nach Macht verlangt‹, wäre dann nicht auch nur ein einziger solcher Mensch ausreichend, um eine Tragödie zu ergeben? Ja noch mehr: Es wäre auch ein einziger solcher an der Spitze stehender Mensch ausreichend, damit sich endlich eine wirklich führende Idee für die ganze römische Sache mit allen ihren Heeren und Jesuiten fände, die höchste Idee dieser Sache. Ich sage dir geradezu: Ich glaube bestimmt, dass es diesen ›einzigen‹ Menschen auch immer unter den Leitern der Bewegung gegeben hat. Wer weiß, vielleicht existiert dieser verfluchte Greis, der die Menschheit so hartnäckig auf seine eigene Art liebt, auch jetzt in Gestalt einer ganzen Schar von vielen solchen ›einzigen‹ Greisen, und zwar ganz und gar nicht zufällig, sondern es existiert vielleicht eine Art von Einverständnis, eine Art von geheimer Verbindung, die schon vor langer Zeit zur Bewahrung des Geheimnisses eingerichtet ist, zu seiner Bewahrung vor den unglücklichen schwachen Menschen, in der Absicht, sie glücklich zu machen. Das ist sicher so, muss so sein. Ich habe die Vorstellung, dass auch bei den Freimaurern etwas diesem Geheimnis Ähnliches zugrunde liegt und dass deshalb die Katholiken einen solchen Hass auf die Freimaurer haben, weil sie in ihnen Konkurrenten sehen und eine Zerstückelung der Einheitlichkeit der Idee befürchten, während doch *eine* Herde und *ein* Hirte sein soll ... Indes erwecke ich, wenn ich meinen Gedanken verteidige, den Anschein, als sei ich ein Autor, der deine Kritik nicht habe vertragen können. Genug davon!«

»Du bist vielleicht selbst Freimaurer!«, entfuhr es dem

plötzlich erregten Aljoscha. »Du glaubst nicht an Gott«, fügte er hinzu, aber nun im Ton tiefen Kummers.

Es schien ihm überdies, als ob der Bruder ihn spöttisch anblicke.

»Wie endet denn deine Dichtung?«, fragte er plötzlich mit niedergeschlagenen Augen. »Oder ist sie schon zu Ende?«

»Ich wollte sie so enden lassen: Nachdem der Inquisitor aufgehört hat zu reden, wartet er einige Zeit auf eine Antwort des Gefangenen. Dessen Schweigen wird ihm peinlich. Er hat gesehen, wie der Gefangene ihm die ganze Zeit über zugehört, ihm still und durchdringend in die Augen gesehen und offenbar nicht beabsichtigt hat, etwas zu erwidern. Der Greis möchte, dass Er etwas zu ihm sage, sei es auch etwas Bitteres, Furchtbares. Aber Er nähert sich plötzlich schweigend dem Greis und küsst ihn still auf die blutlosen neunzigjährigen Lippen. Das ist seine ganze Antwort. Der Greis fährt zusammen. Es zuckt etwas in seinen Mundwinkeln; er geht zur Tür, öffnet sie und sagt zu Ihm: ›Geh weg und komm nicht mehr wieder … komm überhaupt nicht mehr wieder … niemals, niemals!‹ Und er lässt Ihn hinaus auf die dunklen Straßen und Plätze der Stadt. Der Gefangene geht.«

»Und der Greis?«

»Der Kuss brennt auf seinem Herzen; aber der Greis bleibt bei seiner früheren Idee.«

»Und auch du mit ihm, auch du?«, rief Aljoscha traurig.

Iwan lachte.

»Aber das ist doch alles nur Unsinn, Aljoscha; das ist ja doch nur die verrückte Dichtung eines verrückten Studenten, der niemals auch nur zwei Verse geschrieben hat. Warum nimmst du die Sache so ernst? Du denkst doch wohl nicht, dass ich jetzt geradeswegs dorthin fahren werde, zu den Jesuiten, um in die Schar derer einzutreten, die Seine Tat verbessern? Ach Gott, was geht das mich an? Ich habe dir ja gesagt: Ich möchte mein Leben nur bis zum dreißigsten Jahre weiterführen und dann den Becher auf den Boden schleudern!«

»Aber die klebrigen Blättchen und die teuren Gräber und der blaue Himmel und die Geliebte! Wie willst du denn leben, wie willst du denn die alle lieben?«, rief Aljoscha bekümmert. »Ist das denn möglich mit einer solchen Hölle in der Brust und im Kopf? Nein, du wirst geradezu hinfahren, um dich ihnen anzuschließen ... wenn du das aber nicht tust, so wirst du es nicht aushalten können und dich selbst töten!«

»Es gibt eine Kraft, die alles aushält!«, erwiderte Iwan mit kaltem Lächeln.

»Was ist das für eine Kraft?«

»Die Karamasow'sche ... die Kraft der Karamasow'schen Gemeinheit.«

»Das bedeutet: in Ausschweifung untergehen, seine Seele in Lastern ersticken – ja, ja?«

»Meinetwegen auch das ... nur bis zum dreißigsten Lebensjahr werde ich dem vielleicht noch entgehen; aber dann ...«

»Wie willst du dem denn entgehen? Wodurch willst du dem denn entgehen? Das ist bei deinen Anschauungen ein Ding der Unmöglichkeit.«

»Wiederum auf Karamasow'sche Art.«

»Das soll heißen: nach dem Grundsatz ›alles ist erlaubt‹? Alles ist erlaubt, nicht wahr, nicht wahr?«

Iwan machte ein finsteres Gesicht und wurde auf einmal seltsam blass.

»Ah, da hast du einen Satz von gestern aufgefangen, über den sich Mjussow so ereiferte ... und den dann Bruder Dmitri, so naiv auffahrend, wiederholte«, erwiderte Iwan mit einem schiefen Lächeln. »Na, meinetwegen: ›Alles ist erlaubt‹, wenn der Satz nun einmal ausgesprochen ist. Ich nehme ihn nicht zurück. Und auch Mitenkas Fassung des Satzes war nicht übel.«

Aljoscha blickte ihn schweigend an.

»Ich glaubte, Bruder, wenn ich nun wegfahre, auf der ganzen Welt wenigstens dich zu haben«, sagte Iwan auf einmal mit einem unerwarteten Ausbruch tiefer Empfindung; »aber jetzt sehe ich ein, dass auch in deinem Herzen kein Platz für mich ist, mein lieber Einsiedler. Von dem Satz: ›Alles ist erlaubt‹ sage ich mich nicht los; wie ist es also: Wirst du dich deswegen von mir lossagen – ja, ja?«

Aljoscha stand auf, trat auf ihn zu und küsste ihn schweigend sanft auf den Mund.

»Das ist literarischer Diebstahl!«, rief Iwan, der auf einmal in eine Art Enthusiasmus überging. »Das hast du aus meiner Dichtung gestohlen! Aber dennoch: Ich danke dir. Steh auf, Aljoscha; wir wollen gehen; es ist Zeit für mich wie für dich.«

Sie gingen hinaus, blieben aber vor der Tür des Gasthauses stehen.

»Ich wollte noch sagen, Aljoscha«, begann Iwan mit fester Stimme, »wenn mich die klebrigen Blättchen wirklich rühren sollten, so werde ich sie nur in Erinnerung an dich lieben. Es genügt mir, dass du hier irgendwo bist und ich die Lust am Leben noch nicht verlieren werde. Genügt dir das? Wenn du willst, kannst du es als eine Liebeserklärung auffassen. Jetzt aber geh du rechts, und ich werde links gehen – es ist genug, hörst du, es ist genug. Das soll heißen: Wenn ich auch morgen nicht wegfahren sollte (ich glaube aber, ich werde bestimmt wegfahren) und wir einander noch irgendwie begegnen sollten, so sprich über alle diese Themata mit mir kein Wort weiter. Das ist meine dringende Bitte. Und was unsern Bruder Dmitri anlangt, so bitte ich dich ganz besonders, sprich niemals mehr mit mir über ihn«, fügte er plötzlich in gereiztem Tone hinzu; »dieser Gegenstand ist ja vollständig erschöpft, vollständig durchgesprochen, nicht wahr? Ich aber werde dir meinerseits dafür ebenfalls ein Versprechen geben: Wenn ich mit dreißig Jahren Lust bekomme, ›den Becher auf den Boden zu schleudern‹, dann werde ich, wo du auch sein magst, zu dir kommen, um noch einmal mit dir zu reden … und sei es sogar aus Amerika, das wisse. Ich werde eigens deswegen kommen. Es wird mich auch sehr interessieren, dich dann zu sehen, was du dann für ein Mensch sein wirst. Siehst du, das ist ein recht feierliches Versprechen. Wir nehmen aber tatsächlich jetzt vielleicht auf sieben, auf zehn Jahre voneinander Abschied. Na, dann geh jetzt zu deinem Pater Seraphicus; der liegt ja im Sterben, und stirbt er in deiner Abwesenheit, so wirst du womöglich noch auf mich böse, dass ich dich aufgehalten habe. Auf Wiedersehen; küsse mich noch einmal – so – und nun geh!« …

Iwan drehte sich plötzlich um und schritt auf seinem Weg dahin, ohne sich noch einmal umzuwenden. Das hatte Ähnlichkeit mit der Art, in der tags zuvor Bruder Dmitri von Aljoscha weggegangen war, obgleich das doch auch wieder ganz anders gewesen war. Diese sonderbare kleine

Wahrnehmung ging dem betrübten und bekümmerten Aljoscha in diesem Augenblick wie ein Pfeil durch den Sinn. Er wartete noch ein Weilchen, indem er seinem Bruder nachsah. Dabei bemerkte er auf einmal zufällig, dass sein Bruder Iwan eigentümlich schwankend ging und dass, von hinten gesehen, seine rechte Schulter niedriger zu sein schien als die linke. Das war ihm früher noch nie aufgefallen. Aber plötzlich drehte er sich ebenfalls um und eilte, beinahe laufend, nach dem Kloster. Es wurde schon stark dämmerig, und es war ihm fast ängstlich zumute; eine neue Zweifelsfrage wuchs in ihm heran, auf die er keine Antwort zu finden wusste. Es hatte sich wieder wie am vorhergehenden Tage ein Wind erhoben, und die alten Fichten rauschten schaurig um ihn herum, als er in das Wäldchen der Einsiedelei trat. Er wurde beinahe blass. »Pater Seraphicus, diesen Namen hat er irgendwoher genommen; woher doch nur?«, ging es ihm durch den Kopf. »Iwan, armer Iwan, wann werde ich dich jetzt wiedersehen …? Da ist ja auch die Einsiedelei, Gott sei Dank! Ja, ja, er ist ein Pater Seraphicus, das ist er; er wird mich retten … vor ihm, und für immer!«

In seinem späteren Leben dachte er zu wiederholten Malen mit großem Erstaunen daran, wie es nur zugegangen sein mochte, dass er nach seinem Abschied von Iwan so vollständig seinen Bruder Dmitri vergessen hatte, obwohl er sich doch am Vormittag, nur wenige Stunden vorher, vorgenommen hatte, ihn bestimmt aufzusuchen und nicht wegzugehen, ohne ihn gesehen zu haben, selbst wenn er nicht mehr in derselben Nacht ins Kloster zurückkehren könnte.

Zu dieser Ausgabe

Die Übersetzung folgt:

> Fjodor Dostojewskij: Die Brüder Karamasow. Übers. von Hermann Röhl. Leipzig: Reclam, 1924. 5. Buch, 5. Kapitel: Der Großinquisitor (Velikij Inkvizitor).

Sie wurde für die vorliegende Ausgabe behutsam modernisiert und überarbeitet.

Anmerkungen

7,14 ›*Notre Dame de Paris*‹: Victor Hugos historischer Roman *Der Glöckner von Notre-Dame* (1831).

7,15 *Dauphins:* Dauphin: Thronerbe.

7,17 f. ›*Le bon jugement de la très sainte et gracieuse Vierge Marie*‹: ›Das gute Urteil der sehr heiligen und gnädigen Jungfrau Maria‹.

7,19–22 *Bei uns wurden in Moskau … dramatischen Vorstellungen veranstaltet:* Gemeint sind die geistlichen Schuldramen, die unter Zar Aleksei Michailowitsch aufgeführt wurden. Als Hofdramaturg diente der Pastor der lutherischen Gemeinde in Moskau Johann Gottfried Gregory (1631–1675).

8,3 f. ›*Die Wanderung der Mutter Gottes durch die Stätten der Qual*‹: apokryphe Schrift aus dem 12. Jahrhundert.

9,3–6 *Prophet schrieb:* ›*Ich komme bald … himmlischer Vater*‹: Matthäus 24,36–42.

9,13 f. *Du musst glauben … kein Pfand:* Zitat aus der vierten Strophe von Friedrich Schillers Gedicht *Sehnsucht* (um 1802).

9,22 f. *eine schreckliche neue Ketzerei:* Gemeint ist die Reformation, die 1517 von Deutschland ihren Ausgang nahm.

9,24 f. ›*ähnlich einer Fackel … sie wurden bitter*‹: Offenbarung 8,10 f.

10,9 *Tjutschew:* Fjodor Iwanowitsch T. (1803–1873), russischer Dichter.

10,19 f. *in der furchtbarsten Zeit der Inquisition:* Dostojewskij übernahm die Szenerie der spanischen Inquisition aus Charles Maturins Schauerroman *Melmoth the Wanderer* (1820).

10,22 *Autodafés:* Autodafé: (span./port.) Verkündigung der Urteile von Inquisitionsgerichten.

11,14 *ad maiorem gloriam Dei:* (lat.) zur größeren Ehre Gottes; Motto des Jesuitenordens.

11,22 f. *Die Sonne der Liebe brennt in seinem Herzen:* Paraphrase von Heinrich Heines Gedicht *Frieden* aus dem Zyklus *Die Nordsee* (1827).

11,31–12,1 *Das Volk weint … Er dahinschreitet:* Anspielung auf verschiedene Stellen aus dem Neuen Testament (Matthäus 21,8–16; Markus 11,8; Johannes 12,12)

12,20 *Talitha kumi!:* aram./griech., Markus 5,41.

14,24 f. *qui pro quo:* (lat.) ›wer für wen‹; Missverständnis, Verwechslung.

15,25 *Jesuiten:* Der von Ignatius von Loyola Mitte des 16. Jahrhunderts begründete Orden der »Gesellschaft Jesu« (»Societas Jesu«) spielte eine bedeutsame Rolle in der Gegenreformation; Jesuiten waren weltweit als Prediger, Seelsorger (auch von Königen und Fürsten) und vor allem in der Bildungsarbeit tätig. Wegen ihrer Nähe zum Vatikan wurden sie häufig angefeindet und bis ins 20. Jahrhundert verfolgt.

16,7 f. *›Ich will euch frei machen!‹:* Johannes 8,31; Lukas 4,18.

17,15–17 *der große Geist ... versucht habe:* Matthäus 4,1–11.

27,5–7 *in einer allegorischen Vision ... zwölftausend gewesen:* vgl. Offenbarung 7,4 ff.

28,20 f. *Acht Jahrhunderte ist es her:* Anspielung auf die Entstehung des Kirchenstaats nach der Pippinischen Schenkung im Jahr 756.

29,20 *Timur und Dschingis Khan:* mongolische Stammesführer und Eroberer des 14. bzw. 13. Jahrhunderts.

30,8 f. *Und wir werden ... Kelch erheben:* Offenbarung 17,3.

32,26 f. *die Strafe aber ... auf uns zu nehmen:* Diese Denkfigur stammt aus Blaise Pascals *Lettres provinciales* (1657).

33,27 f. *die Buhlerin ... Händen hält:* vgl. Offenbarung 17,15; 19,1 f.

34,25 *Dixi:* (lat.) Ich habe gesprochen.

39,21 f. *Und er lässt Ihn ... der Stadt:* ungenaues Zitat aus Alexander Puschkins Gedicht *Erinnerung* (1828).

42,22 f. *Pater Seraphicus:* Beiname des Franz von Assisi, dem in seiner Einsiedelei ein gekreuzigter sechsflügliger Engel, ein Seraph, erschienen war.

43,5 *Iwan eigentümlich schwankend ging:* Hinweis auf die diabolische Besessenheit Iwans. Der Teufel hinkt im russischen Volksglauben.

Literaturhinweise

Ausgaben

Dostojewskij, Fjodor: Werke in zehn Bänden. Übertr. und Nachw. von E. K. Rahsin. München 1977. Bd. 5: Tagebuch eines Schriftstellers. – Bd. 7: Der Idiot. Roman. – Bd. 10: Die Brüder Karamasoff. Roman. Nachw. von Sigmund Freud.

Forschungsliteratur

Apel, Karl-Otto: The Response of Discourse Ethics to the Moral Challenge of the Human Situation as Such and Especially Today (Mercier Lectures). Leuven 2001.

Arendt, Hannah: Über die Revolution. München 1974.

Auffret, Dominique: Alexandre Kojève. La philosophie, l'état, la fin de l'histoire. Paris 1990. [Zitate wurden von Ulrich Schmid übersetzt.]

Freud, Sigmund: Dostojewski und die Vatertötung. In: S. F.: Studienausgabe. Bd. 10: Bildende Kunst und Literatur. Frankfurt a. M. 1982. S. 267–286.

Gehlen, Arnold: Gesamtausgabe. Bd. 3,2: Der Mensch. Seine Natur und seine Stellung in der Welt. Hrsg. von Karl-Siegbert Rehberg. Frankfurt a. M. 1993.

– Erfahrung zweiter Hand. In: A. G.: Die Seele im technischen Zeitalter und andere sozialpsychologische, soziologische und kulturanalytische Schriften. Frankfurt a. M. 2004. S. 204–213.

Gerigk, Horst-Jürgen: Dostojewskijs Tatorte. In: Die Geschichte eines Verbrechens ... Über den Mord in der Romanwelt Dostojewskijs. Hrsg. von Gudrun Goes. München [u. a.] 2010.

– Dostojewskijs Entwicklung als Schriftsteller. Vom *Toten Haus* zu den *Brüdern Karamasow*. Frankfurt a. M. 2013.

Gitermann, Valentin: Geschichte Russlands. Bd. 3. Hamburg 1949.

Gross, Raphael: Carl Schmitt und die Juden. Eine deutsche Rechtslehre. Frankfurt a. M. 2005.

Grübel, Rainer: Von großen Sündern und von Großinquisitoren. Rosanows Kommentar und die Rezeption der erzählten Parabel. In: Wassili Rosanow: Dostojewskis Legende vom Großinquisitor. Versuch eines kritischen Kommentars. Hrsg. und mit einer Vorbem. sowie einem Nachw. vers. von R. G. Aus dem Russ. übers. von R. G. Oldenburg 2009. S. 231–421.

Honigsheim, Paul: Max Weber in Heidelberg. In: Max Weber zum Gedenken. Hrsg. von René König und Johannes Winckelmann. Opladen 1963. S. 161–271.

Klessmann, Christoph: Zwei Staaten, eine Nation. Deutsche Geschichte 1955–1970. Göttingen 1988.

Kojève, Alexandre: Korrespondenz zwischen Iring Fetscher und Alexandre Kojève. In: A. K.: Hegel. Eine Vergegenwärtigung seines Denkens. Aus dem Frz. von Iring Fetscher und Gerhard Lehmbruch. Hrsg. von Iring Fetscher. Frankfurt a. M. 1975. S. 341–382.

– Philosophen interessieren mich nicht, ich suche Weise. Alexandre Kojève im Gespräch mit Gilles Lapouge. In: A. K.: Überlebensformen. Hrsg. und mit einem Nachw. vers. von Andreas Hiepko. Berlin 2007. S. 58–66.

– Atheism. New York 2018. [Zitate wurden von Ulrich Schmid übersetzt.]

Love, Jeff: The Black Circle. A Life of Alexandre Kojève. New York 2018.

Lukács, Georg: Von der Armut am Geiste. Ein Gespräch und ein Brief. In: Neue Blätter 11/5/6 (1912) S. 67–92.

– Theorie des Romans. Ein geschichtsphilosophischer Versuch über die Formen der großen Epik. Stuttgart 1916.

Motschenbacher, Alfons: Katechon oder Großinquisitor? Eine Studie zu Inhalt und Struktur der Politischen Theologie Carl Schmitts. Marburg 2000.

Paléologue, Théodore: Sous l'œil du grand inquisiteur. Carl Schmitt et l'héritage de la théologie politique. Paris 2004.

Plessner, Hellmuth: Grenzen der Gemeinschaft. Eine Kritik des sozialen Radikalismus. Frankfurt a. M. 2002.

Rehberg, Karl-Siegbert: Nachwort des Herausgebers. In: Arnold Gehlen: Gesamtausgabe. Bd. 6: Die Seele im technischen Zeitalter und andere sozialpsychologische, soziologische und kulturanalytische Schriften. Hrsg. von K.-S. R. Frankfurt a. M. 2004. S. 639–665.

Rice, James L.: Dostoevsky's Endgame. The Projected Sequel to *The Brothers Karamazov*. In: Russian History / Histoire Russe 33 (2006) S. 45–62.

Schmid, Ulrich: Dostoevsky and Regicide. The Hidden Topographical Meaning of *Crime and Punishment*. In: Dostoevsky Studies 19 (2015) S. 51–62.

Schmitt, Carl: Politische Theologie. Vier Kapitel zur Lehre von der Souveränität. München/Leipzig 1922.

– Römischer Katholizismus und politische Form. Hellerau 1923.

– Glossarium. Aufzeichnungen aus den Jahre 1947 bis 1958. Berlin 2015.

Taubes, Jacob: Ad Carl Schmitt. Gegenstrebige Fügung. Berlin 1987.

– Ästhetisierung der Wahrheit im Posthistoire. In: Alexandre Kojève: Überlebensformen. Hrsg. von Andreas Hiepko. Berlin 2007. S. 39–57.

Weber, Marianne: Max Weber. Ein Lebensbild. Tübingen 1984.

Weber, Max: Politik als Beruf. In: M. W.: Gesammelte politische Schriften. Hrsg. von Johannes Winckelmann. Tübingen [4]1980. S. 505–559. [Zit. als: Weber 1980a.]

– Russlands Übergang zur Scheindemokratie. In: M. W.: Gesammelte politische Schriften. Hrsg. von Johannes Winckelmann. Tübingen [4]1980. S. 197–214. [Zit. als: Weber 1980c.]

– Zur Lage der bürgerlichen Demokratie in Russland. In: M. W.: Gesammelte politische Schriften. Hrsg. von Johannes Winckelmann. Tübingen [4]1980. S. 33–67. [Zit. als: Weber 1980b.]

– Briefe 1913–1914. Hrsg. von M. Rainer Lepsius und Wolfgang J. Mommsen in Zsarb. mit Birgit Rudhard und Manfred Schön. Tübingen 2003. (Max Weber Gesamtausgabe. Bd. II/8.)

Wiggershaus, Rolf: Die Frankfurter Schule. Geschichte, theoretische Entwicklung, politische Bedeutung. München 1988.

Yamamuro, Nobutaka: Irrationalität der Welt. Max Weber liest Dostojewski: *Die Brüder Karamasow*. In: Neue Beiträge zur Germanistik 14 (2014) S. 120–139.

Nachwort

»Niemals habe ich ernsthafter auf eines meiner Werke geschaut als auf dieses«, bekannte Fjodor Dostojewskij (1821–1881) am 28. Juli 1879 in einem Brief. Zu diesem Zeitpunkt steckte er mitten in der Schreibarbeit an seinem letzten Roman; das Kapitel über den Großinquisitor war bereits fertig. *Die Brüder Karamasow* markieren in der Tat einen Höhepunkt in Dostojewskijs Schaffen. Wie bereits in seinen anderen großen Romanen wollte Dostojewskij mit diesem Werk einen literarischen Kommentar zur aktuellen Lage der Nation liefern. Ihn interessierte die Frage, warum die russische Gesellschaft immer noch weit davon entfernt war, das Ideal einer christlichen Gemeinschaft zu erreichen. Für seine Antwort holte Dostojewskij weit aus. Er beschäftigte sich mit westlicher Rationalität, Atheismus, orthodoxer Ethik, Strafrecht und monarchischer Staatsordnung. Zur Veranschaulichung brach er diesen breiten Themenkomplex auf eine dramatische Familiengeschichte herunter, die in einem Vatermord gipfelt. Die Brüder Karamasow werden je auf eigene Art schuldig am Tod ihres Vaters, eines schamlosen Wüstlings. Aljoscha Karamasow ist ein sanfter Jüngling, dessen Moralvorstellungen aber so rigid sind, dass er die Todesstrafe für Kindsmörder zulässt. Iwan Karamasow verhehlt seinen Atheismus nicht und kommt zum Schluss, dass alles erlaubt sei, wenn Gott nicht existiert. Dmitri Karamasow steigert seinen leidenschaftlichen Hass auf den Vater bis zum mörderischen Affekt. Der Bastard Smerdjakow schließlich führt die Haltungen der drei legitimen Brüder zusammen und ermordet den Vater kaltblütig. Smerdjakow folgt Aljoscha, der die Todesstrafe zulässt; er stützt sich auf Iwan, der ihm einen moralischen Freipass für seine Tat ausstellt; er imitiert Dmitri, der tatsächlich bereit ist, den Vater umzubringen. Schließlich wird Dmitri für einen Mord verurteilt, den er nicht begangen hat. Dostojewskijs moralische Pointe besteht darin, dass Dmitri nicht gegen diesen Justizirrtum aufbegehrt, sondern seine eigene metaphysische Schuld annimmt (Gerigk 2013, S. 207–218).

Hinter dieser fatalen Familienkonstellation scheint Dostojewskijs eigene Theodizee auf. Das Böse ist weder Verhängnis noch das Produkt einer dunklen Macht. Das Böse ist in der Welt, weil es von den Menschen gewollt wird. Bei der Konstruktion des Verbrechens achtet Dostojewskij sorgfältig auf diesen Aspekt. Wie in allen anderen Romanen ist auch in den *Brüdern Karamasow* das Opfer des Verbrechens völlig wehrlos. Der Vater beugt sich gerade aus dem Fenster, als ihn Smerdjakow von hinten mit einem gusseisernen Briefbeschwerer erschlägt. Ein Handgemenge hätte den freien Tatentschluss des Mörders verdunkelt und das Moment eines Affekts in das Geschehen eingespielt (Gerigk 2009, S. 16–31).

Das Motiv des Vatermordes in den *Brüdern Karamasow* hat Sigmund Freud (1856–1939) zu einer biographischen Deutung veranlasst (Freud 1982, S. 267–286). Freud bezieht den Mord am Vater Karamasow auf den gewaltsamen Tod von Dostojewskijs eigenem Vater, der möglicherweise von seinen leibeigenen Bauern umgebracht wurde. Freud geht davon aus, dass sich Dostojewskij insgeheim den Tod seines Vaters gewünscht hatte. Als der Wunsch tatsächlich in Erfüllung ging, bestrafte sich Dostojewskij selbst mit epileptischen Anfällen. Freuds Interpretation greift wahrscheinlich zu kurz. Das Thema der Vatertötung geht weit über Dostojewskijs eigene Biographie hinaus. Bei näherem Hinsehen wird deutlich, dass Dostojewskij das zukünftige Heil Russlands von der Bewahrung der patriarchalen Achse Vater – Zar – Gott abhängig macht. Dostojewskij stimmte mit der Selbstlegitimation der Romanow-Dynastie überein: Die Herrschaft der russischen Zaren verdankte sich dem Gottesgnadentum. Wer sich gegen die Zaren auflehnte, stellte auch Gott selbst in Frage. Die politische Aktualität beschäftigte Dostojewskij sehr. 1866 hatte zum ersten Mal ein Attentäter auf den Zaren geschossen. Zwischen 1878 und 1880 kam es zu weiteren Anschlägen auf den Monarchen: Die Terroristen legten Minen unter Brücken und Straßen, schossen aus Revolvern, sabotierten eine Eisenbahnlinie und ließen in einer spektakulären Aktion ein Sprengstoffdepot im Winterpalais detonieren. Wie durch ein Wunder überlebte der Zar diese Attentate (Gitermann 1949, S. 241–252).

Das Motiv des Vatermords wird in den *Brüdern Karamasow* zu einer literarischen Chiffre für den Zarenmord. Bereits zuvor hatte Dostojewskij dieses heikle Thema auf sorgfältig verborgene Weise in die Handlung von *Verbrechen und Strafe* eingespielt (Schmid 2015). Er plante auch eine Fortsetzung der *Brüder Karamasow*, in der das Thema des politischen Mordes im Zentrum gestanden hätte: Der sanfte ›Held‹ Aljoscha Karamasow verlässt das Kloster und wird zu einem Revolutionär. Er begeht ein Attentat und wird hingerichtet (Rice 2006). Allerdings verhinderte Dostojewskijs eigener Tod die Ausarbeitung dieses literarischen Plans. Die Wirklichkeit bestätigte indes Dostojewskijs Vorahnungen: Einen Monat nach dem Ableben des

Schriftstellers fiel Alexander II. im März 1881 tatsächlich einem Bombenwurf zum Opfer.

Vor dem Hintergrund des allgegenwärtigen Terrors verfasste Dostojewskij seine Großinquisitorlegende, in der er in aller Radikalität die Frage nach dem Verhältnis zwischen weltlicher Gesellschaftsordnung und göttlichem Reich stellt. Er spart in seiner eigenen Bewertung dieses Kapitels nicht mit Superlativen: Die Legende markiere den »Kulminationspunkt« des Romans und sei die Frage, »auf die der ganze Roman als Antwort dient« (zit. nach: Grübel 2009, S. 239). Die Aufgabe, die sich der Autor stellt, ist schwierig. Die Legende zeichnet sich durch logische Stringenz und literarische Schönheit aus, markiert aber eine ideologische Position, die von Dostojewskij selbst vehement abgelehnt wird. Der Großinquisitor hat die größte aller Sünden begangen. Er verdrängt Christi freies Heilsgeschehen und ersetzt es durch das Seelenmanagement der römisch-katholischen Kirche. Im Romantext stellt Dostojewskij sicher, dass der Großinquisitor diesen Frevel sehenden Auges begeht: Der Großinquisitor sagt sich von Christus los und folgt offen dem Antichrist, der die Welt in seine Gewalt bringen will. Dostojewskij selbst hat die Legende vom Großinquisitor bei einer Lesung vor Studenten der Petersburger Universität am 30. Dezember 1879 so erläutert: »Der Großinquisitor ist in Tat und Wahrheit selbst ein Atheist. Wenn man den Glauben an Christus mit den Zielen dieser Welt vereint, dann verliert man den ganzen Sinn des Christentums. Der Verstand muss sogleich dem Unglauben verfallen. Anstelle des großen Ideals Christi wird nur ein neuer Turm zu Babel errichtet. Der hohe Blick des Christentums auf die Menschheit wird zu einem Blick auf eine Herde wilder Tiere herabgewürdigt, und unter dem Anschein der sozialen Liebe zur Menschheit zeigt sich eine schon nicht mehr maskierte Verachtung.« Bereits im *Tagebuch eines Schriftstellers* hatte Dostojewskij pointiert gegen linke Ideen Stellung bezogen: »Einige von uns nahmen den französischen Sozialismus ohne das geringste Bedenken für die endgültige Lösung der allmenschlichen Vereinigung. Auf diese Weise hielten wir für das realisierte Ziel das, was in Wirklichkeit der größte Egoismus war, was den Gipfel der Unmenschlichkeit, der ökonomischen Sinnlosigkeit und des politischen Wirrwarrs, den Höhepunkt der Verleugnung aller menschlichen Natur, den Gipfel der Vernichtung jeder menschlicher Freiheit ausmachte. Doch das beunruhigte uns weiter nicht« (*Werke*, Bd. 5, S. 310). Auch die Gleichsetzung des römischen Katholizismus mit dem Atheismus findet sich bereits früher in Dostojewskijs Werk. Berühmt geworden ist die Brandrede des Fürsten Myschkin aus dem Roman *Der Idiot*: »Der römische Katholizismus ist noch schlimmer als selbst der Atheismus. Ja! Das ist meine Meinung! Der Atheismus predigt nur die Negation, der Katholizismus aber geht darüber hinaus: Er verkündet einen entstellten Christus, einen von ihm selbst verleumdeten und entweihten, einen entgegengesetzten Christus! Er predigt den Antichrist, das schwöre ich Ihnen!« (*Werke*, Bd. 7, S. 829.)

Seine Entgegnung auf das Programm des Großinquisitors gibt Dostojewskij im nächsten Romankapitel (Paléologue 2004, S. 195–208). Die unerbittliche moralische Logik von Iwan Karamasow wird dort in einem anderen Genre widerlegt: in der Hagiographie des Starzen Sossima. Dostojewskij macht damit deutlich, dass bereits das abstrakte

Räsonieren über Sittlichkeit selbst eine Sünde ist. Ein angemessener Umgang mit der Sünde, vor der niemand gefeit ist, ergibt sich erst aus einer demütigen Lebenspraxis im Geist Christi. Der Starez gelangt zu einer moralischen Einsicht, die der Sündenökonomie des Großinquisitors diametral entgegengesetzt ist: »Alle sind an allem schuld«. Sossima warnt vor dem Übermut der Selbstgerechten: »Wenn aber die Ruchlosigkeit der Menschen dich bis zum Zorn erregt und mit bereits unüberwindlichem Gram erfüllt, ja, dich sogar bis zum Rachedurst an den Frevlern aufwühlt, so fürchte mehr als alles andere diese Regung; gehe dann sofort und suche dir Qualen, als wärest du selber schuld an dieser Ruchlosigkeit der Menschen. Nimm diese Qualen auf dich und halte sie aus, und dein Herz wird zur Ruhe kommen und du wirst begreifen, dass auch du selber schuldig bist, denn du hättest ja den Missetätern leuchten können, sei es auch nur als einziger Sündenloser, und hast es nicht getan« (*Werke*, Bd. 10, S. 527).

Die Legende vom Großinquisitor hat in der europäischen Ideengeschichte wichtige Spuren hinterlassen. In den Heidelberger Sonntagsgesprächen bei Max Weber (1864–1920) brachte der junge Georg Lukács (1885–1971) kurz vor dem Ersten Weltkrieg immer wieder das Gespräch auf Dostojewskij (Weber 1984, S. 473; Honigsheim 1963, S. 241). In dieser Zeit arbeitete Lukács intensiv an seiner *Theorie des Romans*, die eigentlich eine aus dem Ruder gelaufene Einleitung zu einer Dostojewskij-Monographie darstellt (Lukács 1916). 1912 hatte Lukács im Dialog »Von der Armut am Geiste« seinen Schuldkomplex wegen des Selbstmords seiner Geliebten Irma Seidler verarbeitet. Max Weber zog in einem Brief vom 5. April 1914 eine direkte Verbindung von Lukács' Text zu den *Brüdern Karamasow*. Für Weber stand in beiden Werken das grundlegende Problem zur Debatte, ob man »überhaupt gut handeln« solle, wenn der »Erfolg des guten Handelns so oft gänzlich irrational« sei und »üble Folgen« zeitige (Weber 2003, S. 595 f.). In seinem berühmten Vortrag »Politik als Beruf« (1919) griff Weber dieses moralische Dilemma auf und führte die Unterscheidung zwischen Verantwortungsethik und Gesinnungsethik ein. Der Verantwortungsethiker richtet sein Handeln nach den zu erwartenden Folgen aus, der Gesinnungsethiker wählt das Gute in der Überzeugung, dass aus dem Guten nichts Böses und aus dem Bösen nichts Gutes entstehen kann. Max Weber spielt Verantwortungs- und Gesinnungsethik nicht gegeneinander aus, sondern fordert von der Politik eine Balance zwischen den beiden Prinzipien. Weber führt Dostojewskijs Großinquisitor als Beispiel eines Verantwortungsethikers an, der seinen Glauben an die Heiligung der Mittel durch den erreichten Zweck ins Extreme treibt. Der Großinquisitor gibt sogar seine eigene Seele der ewigen Verdammnis preis, um die Menschen glücklich zu machen. Weber hebt hervor, dass der Großinquisitor die »ethische Irrationalität der Welt« nicht ertrage und deshalb als »kosmisch-ethischer Rationalist« auftrete (Weber 1980a, S. 553). In den Notizen zu seinem Vortrag hält Weber explizit fest: »2 Arten von Ethik: 1) Gesinnung ⇆ 2) Verantwortung für Folgen. ad 1: Verantwortung für *Folgen abgelehnt* Syndikalist. Nur die Welt ist *dumm*, wenn Folgen *schlecht*. ad 2: *rechnet* damit, dass die Welt dumm ist (Dostojewski's Großinquisitor)« (zit. nach: Yamamuro 2014, S. 137).

Ohne den Großinquisitor explizit zu nennen, hatte Max Weber bereits in seiner Deutung des russischen »Scheinkonstitutionalismus« aus dem Jahr 1906 das Problem von Herrschaft, Freiheit und Demokratie aufgegriffen. Die Selbstherrschaft des Zaren, in Webers treffender Darstellung eine »zentralistische Polizei-Bürokratie«, schaufle sich ihr eigenes Grab: Eine »aufgeklärte Despotie« könne es gar nicht geben. Die Aufklärung selbst verdanke sich einem Wind, der von »jenseits des Meeres« wehe. Der amerikanische Kapitalismus führe zu einer Wirtschaftsordnung, die als politisches Pendant unbedingt den Konstitutionalismus nach sich ziehen müsse. Demokratie beruhe auf dem dauernden und entschlossenen Willen einer Nation, sich »nicht wie eine Schafherde regieren zu lassen«. Zu Beginn des zwanzigsten Jahrhunderts erwartete Weber noch eine bürgerliche Demokratie in Russland (Weber 1980b, S. 64, 66). Die Februarrevolution von 1917 brachte für Weber immer noch keine Freiheit, sondern eine »Scheindemokratie« (Weber 1980c, S. 204). Er warf den Bolschewiken vor, dass sie für den Sieg der sozialistischen Revolution den Einsatz aller Mittel nicht nur erlaubten, sondern nachgerade forderten. Für Max Weber war klar: Lenins »Korporalsherrschaft« bedient sich im Grunde der Argumentation des Großinquisitors (Weber 1980a, S. 552).

Auch Hellmuth Plessner (1892–1985) beschäftigte sich in seinem Frühwerk mit Dostojewskijs Großinquisitor. In seiner hellsichtigen Analyse *Die Grenzen der Gemeinschaft* legte er 1924 eine »Kritik des sozialen Radikalismus« vor. Dabei gerieten sowohl die Kommunisten wie auch die Nationalsozialisten in sein Visier. Plessner bezieht sich in seinem Buch auf die von Ferdinand Tönnies eingeführte Unterscheidung zwischen »Gemeinschaft« und »Gesellschaft«. Entgegen dem Zeitgeist zieht Plessner die distanzierte Gesellschaft der intimen Gemeinschaft vor, die von den radikalen politischen Kräften entweder als »Arbeiterklasse« oder als »Volk« definiert wird. Gegen solch utopische Verbrüderungsphantasien führt Plessner Begriffe wie »Zeremoniell«, »Diplomatie« und »Takt« ins Feld. Nur die höflichen Umgangsformen der Gesellschaft erlauben dem Individuum die Bewahrung seiner Persönlichkeit. Allerdings vertritt Plessner letztlich eine elitäre Position: Er gibt unumwunden zu, dass der Großinquisitor »recht« habe. Der Mensch stehe im »Indifferenzpunkt zwischen Gut und Böse« mit einer »Dauertendenz zum jeweilig Niederen«. Jede Gesellschaft bedürfe der politischen Führung, die notwendig die Freiheit des Einzelnen beschneidet. Plessner gelangt zum Schluss, dass der »Wille zur Macht« nicht einfach etwas »schlechthin Verwerfliches« sei, sondern den gesellschaftlichen Frieden erst ermögliche. Dieser moralische Relativismus zeigt sich bereits im Motto des Buchs: »You have to give the devil his due.« (Plessner 2002, S. 14, 126 ff.)

Wie ein roter Faden zieht sich das Nachdenken über die Figur des Großinquisitors durch das Schaffen von Carl Schmitt (1888–1985), der Plessners pessimistisches Menschenbild teilt (Gross 2005, S. 148). Bereits 1922 beschäftigte sich Schmitt in seiner *Politischen Theologie* mit Donoso Cortés (1809–1853) als Vordenker moderner Diktaturen und stellte ihn in die Reihe der »geistigen Nachfahren von Großinquisitoren« (Schmitt 1922, S. 51, 74). Im Jahr darauf legte Schmitt in seinem Buch *Römischer Katholizismus und politische Form* eine Apologie des Machtsystems der römisch-katholischen Kirche vor. Der Großinquisitor taucht bereits im ersten Abschnitt dieses Buchs als Inkarnation von

Dostojewskijs »anti-römischem Entsetzen« auf. Schmitt wendet allerdings den Machiavellismus des Großinquisitors ins Positive und bezeichnet die Trias von Wunder, Geheimnis und Autorität als Grundlage der päpstlichen Herrschaft (Schmitt 1923, S. 15, 18, 36). Nach der Machtübernahme der Nationalsozialisten diente sich Schmitt mit solchen Konzepten Hitlers Regierung an (Motschenbacher 2000, S. 330–339).

Auch nach der Katastrophe des Zweiten Weltkriegs blieb Dostojewskijs Parabel bei Carl Schmitt präsent. In seinem *Glossarium* notierte Schmitt am 23. Mai 1949, dass Thomas Hobbes ähnlich vorgehe wie der Großinquisitor. Indem Hobbes die weltliche Macht von der Legitimation durch die katholischen Kirche löse und »die Wirkung Christi im sozialen und politischen Bereich unschädlich« mache, »entanarchisiere« er das Christentum, belasse ihm aber »im Hintergrunde eine gewisse legitimierende Wirkung« (Schmitt 2015, S. 184).

Schmitts deutlichste Stellungnahme zum Großinquisitor stammt aus einem Gespräch mit Jacob Taubes (1923–1987) aus dem Jahr 1980. Schmitt meinte, »wer nicht einsehe, dass der Großinquisitor schlechthin recht hat gegenüber all den schwärmerischen Zügen einer jesuanischen Frömmigkeit, der habe weder kapiert, was Kirche heißt, noch was Dostojewskij – gegen seine eigene Gesinnung – ›durch die Gewalt der Problemstellung gezwungen, eigentlich vermittelt‹ habe« (Taubes 1987, S. 15). Schmitt unterstellt hier sogar, dass Dostojewskij dem intellektuellen Charme seiner eigenen literarischen Schöpfung erlegen sei und letztlich der Position des Großinquisitors nichts Gültiges entgegenzustellen habe.

Auf der anderen Seite des Rheins beschäftigte sich auch der »rechte Marxist« Alexandre Kojève (1902–1968) intensiv mit Frage, ob der einzelne Mensch frei sei und wie die Zukunft der Menschheit aussehen könne. Schmitt war bereits 1948 auf Kojève aufmerksam geworden. Kojève seinerseits äußerte das berühmte Bonmot, dass es in der Bundesrepublik niemanden außer Schmitt gebe, mit dem es sich zu reden lohne. Schmitt lud Kojève im Januar 1957 für einen Vortrag nach Düsseldorf ein – es blieb dann allerdings bei diesem einzigen persönlichen Treffen der beiden Denker. Kojève hatte in den dreißiger Jahren in Paris mit seinen Hegel-Vorlesungen Aufsehen erregt. Im Anschluss an Hegels These vom Ende der Geschichte war Kojève in seinen späten Lebensjahren davon überzeugt, dass keine Revolutionen oder Kriege mehr möglich seien und die Staaten sich von Gestaltungsmächten zu Verwaltungszentren bürgerlicher Lebensformen gewandelt hätten. So wie Napoleon für Hegel der »Weltgeist zu Pferde« war, erschien Stalin in Kojèves Augen als letzte Verkörperung eines absoluten Herrschers. Kojève bezeichnete sich selbst als »Stalins Gewissen« (zit. nach: Auffret 1990, S. 405) und meinte in einer nur halb ironisch gemeinten Wendung: »Das Ende der Geschichte, das war nicht Napoleon, sondern Stalin, und ich sollte kommen und es verkünden, mit dem Unterschied, dass ich nicht das Glück hatte, Stalin unter meinen Fenstern vorbeireiten zu sehen« (Kojève 2007, S. 61).

In Kojèves Deutung sind im Stalinismus alle Menschen von der Last befreit, frei zu sein (Love 2018, S. 280). Als Folge driften sie auf jenen Idealzustand zu, der auch die »atheistische Religion« (Kojève 2018, S. 6) des Großinquisitors charakterisiert. Die Problematik des schwachen Menschengeschlechts, das mit der freien Gestaltung seines geistigen Lebens überfordert ist, findet sich in einer berühmten Fußnote, die Kojève der Buchveröffentlichung seiner Hegel-Vorlesungen nach dem Krieg beigefügt hatte: »Der Mensch bleibt als Tier am Leben, das im Einklang mit der Natur oder dem Seienden existiert. Was verschwindet, ist der Mensch im eigentlichen Sinne, d.h. das das Gegebene nichtende Handeln und der Irrtum, oder – allgemeiner – der Gegensatz von Subjekt und Objekt. Alles andere aber kann sich unbegrenzt erhalten: die Kunst, die Liebe, das Spiel usw.; kurz: alles, was den Menschen glücklich macht« (zit. in: Taubes 2007, S. 41).

Letztlich erwartete Kojève aber nicht einen Weltsieg des Kommunismus, sondern einen Entropietod des menschlichen politischen Handelns in einem globalen Konsumparadies. Aus seiner Sicht war die höchste Stufe der sozialistischen Gesellschaftsentwicklung im amerikanischen Kapitalismus erreicht. Als Nachweis der zu erwartenden Synthese der ideologischen Gegensätze im Kalten Krieg erschien ihm der Cowboy-Hut, den der sowjetische Außenminister Wjatscheslaw Molotow während eines Besuchs in den USA im Jahr 1955 aufsetzte. Nach einer Asienreise im Jahr 1959 fügte er eine zweite Option für die menschliche Existenz am Ende der Geschichte hinzu: Der allgegenwärtige Snobismus der japanischen Gesellschaft erschien ihm als letzte Verkörperung der »interesselosen Negativität« (Kojève 1975, S. 363; Kojève 2018, S. 63 f.).

Allerdings hatte sich Kojève unmittelbar nach dem Zweiten Weltkrieg noch einmal gegen seinen eigenen Fatalismus aufgebäumt. Er forderte in einem Papier ein »Empire latin« unter französischer Führung, das sich dem deutschen und britischen Hegemonialstreben entgegensetzen müsste. Zwar gäbe es auch in diesem »Reich der Latinität« keine politische Aktivität, aber die nur den Franzosen zugängliche »aristokratische Schönheit und Süße des Lebens« stünden höher als die »bürgerliche Wohlfahrt«. Als einigende Kraft in diesem Gesellschaftsprojekt erblickte Kojève den Katholizismus, der den »universellen und homogenen Staat« der Zukunft verbürgen könne (zit. nach: Auffret, S. 398, 403). Bald aber unterwarf er sich endgültig der einebnenden Logik der zu Ende gehenden Geschichte und arbeitete konsequenterweise als Chefbeamter in der französischen Bürokratie, in der er die wirtschaftliche Integration Frankreichs in die Europäischen Gemeinschaften und das GATT betrieb.

Die vielleicht prominenteste Formulierung des Systems des Großinquisitors findet sich bei Arnold Gehlen (1904–1976). In seinem Hauptwerk *Der Mensch* (1940) gestaltete Gehlen seine durchaus pessimistische Sicht des »Mängelwesens Mensch«, dessen individuelle Schwächen durch gesellschaftliche Institutionen kompensiert werden. Auf dem Höhepunkt der nationalsozialistischen Herrschaft fehlten in der Erstausgabe des Werkes auch nicht anbiedernde Töne. So verwies Gehlen bei der Kennzeichnung der Religion als eines »Führungssystems« auf Alfred Rosenbergs Ausdruck des »Zuchtbildes«. Gehlen hebt drei Funktionen des religiösen »Führungssystems« hervor: Erstens liefert es einen »abschließenden Deutungszusammenhang der Welt«. Zweitens gestaltet es die »Handlungsformierung« und ist damit verantwortlich für die »autoritäre Charakterbildung, Haltungszucht und Sittennormierung«. Drittens trägt es der »Ohnmacht« des Menschen Rechnung, indem es durch rituelle Praktiken wie »Magie, Orakel usw. Trost und Hoffnung« einflößt und »den Verkehr mit den Übermächtigen, den Göttern« sicherstellt (Gehlen 1993, S. 710–715). Gehlen erhebt also das »entlastende« Verhalten des Großinquisitors zum Leitmotiv seiner pessimistischen Anthropologie. Nur auf den ersten Blick ist diese Gesellschaftstheorie vollständig kompatibel mit der Naziherrschaft. Gehlens Pessimismus ging so weit, dass er auch für Deutschland keine strahlende Rassenzukunft sah. In einem Spitzelbericht aus dem Amt Rosenberg wird Gehlen dafür getadelt, dass für ihn die Geschichte letztlich »ein abgeschlossenes Erfahrungsarsenal« sei, das »im Grunde hinter uns liegt«. Im fatalistischen Befund des »Endes der Geschichte« trifft sich Gehlen mit Kojève, den er allerdings nicht kannte (Rehberg 2004, S. 660).

Gehlen musste sein pessimistisches Geschichts- und Menschenbild im Jahr 1968 gegen zwei Ereignisse verteidigen, die eigentlich die Zukunftsfähigkeit der politischen Realität bezeugten. Im Zuge der Studentenunruhen wurde der Ruf nach der Abschaffung der Ordinarienuniversität laut. Die westdeutsche Rektorenkonferenz verabschiedete zu Beginn des Jahres 1968 ein Reformprogramm, das die Hochschulen demokratisieren wollte. Im sogenannten »Marburger Manifest« vom 17. April 1968 protestierten zahlreiche Professoren, unter ihnen auch Arnold Gehlen, gegen diese Öffnung. Letztlich verteidigten die Wissenschaftler die bestehende akademische Hierarchie: »Welche Gesellschaft würde sich den Luxus leisten, hochqualifizierte Fachleute samt ihren kostspieligen Instituten zu zwingen, ihre Sachentscheidungen über Forschungsaufgaben und Produktionsprogramme in zeitraubenden Sitzungen mit einer großen Gruppe von weisungsgebundenen, nicht sachverständigen und nicht mitverantwortlichen Mitgliedern in sogenannten Instituts-Räten zu diskutieren und von deren Urteil und womöglich deren Pressionen abhängig zu machen?« (Klessmann 1988, S. 543.) Das zweite Ereignis war die Niederschlagung des Prager Frühlings durch die Staaten des Warschauer Pakts am 21. August 1968. Gehlen hieß diese Disziplinierung gut, weil die bestehende Ordnung sonst mit »unkalkulierbaren Folgen« ins Wanken geraten wäre. Es sei beim Einmarsch darum gegangen, »das Eindringen unkontrollierter liberaler Massenmedien wirksam zu verhindern« (Gehlen 2004, S. 209).

Arnold Gehlen befürwortete mithin sowohl innen- wie außenpolitisch die autoritäre Befriedung einer Gesellschaftsordnung, die sonst in Anarchie abzugleiten droht. Es ist kein Zufall, dass Gehlen auch selbst mit Dostojewskijs Figur des Großinquisitors identifiziert wurde (Wiggershaus 1988, S. 653; Apel 2001, S. 6).

Hannah Arendt (1906–1975) gibt in ihrem Buch *Über die Revolution* (1963) eine ideengeschichtliche Deutung der Großinquisitor-Legende. Der Großinquisitor verkörpert für sie das rechtsphilosophische Denken von Rousseau und das revolutionäre Handeln von Robespierre. Die Französische Revolution sei von einem abstrakten Mitleiden mit dem »unglücklichen Volk« befeuert worden, dem nicht so sehr die Freiheit als vielmehr Glück geschenkt werden müsse. Arendt verweist darauf, dass der Ausdruck »Despotismus der Freiheit« Robespierre im Jahr 1793 leicht von der Zunge ging und auch von den Zeitgenossen nicht als Widerspruch empfunden wurde. Die Selbstlegitimierung der Revolutionäre beruhte auf einem funktionalen Tugendverständnis, das aber wenig mit dem »absolut Guten« zu tun hatte. Arendt stellt dem in diesem Sinne »tugendhaften« Großinquisitor, der »mitleidiges Bedauern« mit dem unglücklichen Volk empfindet, den »absolut guten« Jesus gegenüber, der zu wahrem Mitleid mit jedem einzelnen Menschen fähig ist. Allerdings macht Arendt auch klar, dass durch das persönliche Mitleiden jener institutionelle Raum aufgehoben wird, in dem politisches Handeln überhaupt erst möglich wird. Der Großinquisitor ist jener machiavellistische Herrscher, der gelernt hat, den Bereich der weltlichen Politik aus der religiösen Heilslehre herauszulösen und mithin »nicht gut zu sein« (Arendt 1974, S. 34, 43, 108 f.).

Ulrich Schmid

Inhalt